에이징 솔로

에이징 솔로
Aging Solo

혼자를 선택한 사람들은
어떻게 나이 드는가

김희경 지음

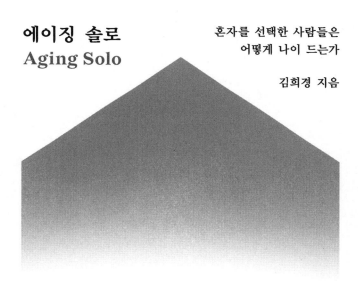

동아시아

추천의 글

결혼 선배들의 이야기는 세상에 차고 넘친다. 그럼 비혼 선배들의 이야기는 어디에 있는 걸까? 『에이징 솔로』를 펼치자 비혼 40대인 내게 절실히 필요했던 말들이 와르르 쏟아진다. 내가 하는 고민들을 먼저 해보았고 삶으로 직접 부딪치며 새로운 관계, 새로운 모델, 새로운 세상을 일궈보려고 노력 중인 선배들이 전국 곳곳에 있었다. 그들의 생생한 목소리를 모아준 이 책이 나는 너무도 고맙다. 우리는 모두 단독자로서 세상에 오고, 홀로 또 같이 지내다가 단독자로서 떠난다. 외로움, 돌봄, 생계, 노후, 죽음은 모두의 문제이며, 이에 대한 응답이 저마다의 삶을 이룬다. 그 각각의 이야기를 듣는 것만으로도 이토록 커다란 안도감이 들 줄이야. 솔로인 우리는 결코 혼자가 아니다. 애초에 답은 정해져 있지 않다. 쓸데없는 공포는 내려놓고, 이제는 다른 상상을 할 때다.

_김하나(작가, 『여자 둘이 살고 있습니다』 저자)

평범과 보통에 대한 압력이 강한 사회에서 개인은 원하지 않는 관계 속으로 쉽게 미끄러진다. 졸업, 취업, 결혼, 출산으로 이어지는 세상의 시간표는 생의 여지를 좁히고, 상상을 축소시킨다. 『에이징 솔로』는 '다른 선택지는 없다'라는 듯 구는 세계의 가장자리를 넓히는 이야기다. 김희경은 규범과 고정관념 바깥에 우리가 건너갈 수 있는 징검다리를 놓았다. 잘 보이지 않던 여성, 중년, 1인 가구의 현재를 발견하는 데 그치지 않고, 내가 '나'일 수 있는 미래를 함께 발명하자고 초대한다. 우리는 모두 혼자인 동시에 오롯이 혼자만일 수 없다. 삶의 경계를 확장하고 곁의 자리를 만드는 목소리가 있어 '나'는 끝내 외롭지 않을 것이다.

_장일호(《시사IN》 기자, 『슬픔의 방문』 저자)

일러두기

본문에서 단행본은 『 』, 일간지·잡지 등은 《 》,
논문·보고서 등은 「 」, 기사·영화·방송프로그램 등은 〈 〉로 구분했다.

1인 가구 시대, 비혼 중년의 자리를 찾아서

올해로 혼자 산 지 20년째다. 햇수를 헤아리다 나도 흠칫 놀란다.

나만 그런 게 아닐 거라고 확신하는데, 중년이 된 뒤 언제부터인가 누가 나이를 물으면 나도 내 나이가 헷갈려 계산해 보다가 '벌써 이렇게!' 하고 화들짝 놀라는 일이 잦다.

내게 혼자 사는 것은 나이 드는 일과 비슷하게 누가 묻지 않으면 잘 의식하지 못하는 일이었다. 물론 혼자여서 좋거나 괴로운 느낌이 강렬했던 때가 종종 있었으나 순간의 감정일 뿐, 일하고 노느라 바빠 곧 잊었다. 차이도 있다. 나이 드는 일은 곧잘 대화와 토론의 소재가 되었지만 혼자 사는 일, 특히 혼자 살면서 나이 드는 일은 좀처럼 이야깃거리가 되지 못했다. 알아서 감당해야 할 사적인 문제쯤으로 여겼던 듯하다.

혼자 살면서 나이 드는 일을 개인적 사안을 넘어 공통된 삶의 방식 중 하나로 바라보기 시작한 것은 정부에서 일할 무렵부터다. 1인 가구 급증세가 가팔라지면서 2020년 여러 부처가 참여하는 인구정책 태스크포스가 만들어졌고, 1인 가구 대책이 나오기 시작했다. 정부 문서와 보고서에서 세대별로 1인 가구가 증가한 원인을 분석할 때 마치 공식처럼, 랩 가사처럼 반복적으로 등장하는 표현이 눈에 띄었다.

"청년은 미혼, 중년은 이혼, 노년은 사별."

많은 경우 사실이라 해도 빈약한 설명이다. 특히 중년이 그렇다고 느꼈다. 40세 이상의 중년 1인 가구 중 결혼을 당위로 여기지 않는 비혼이 얼마나 많은데 이렇게 뭉뚱그려도 되나. 더 께름칙하게 느꼈던 건 이 허술한 공식이 혼자 사는 삶에 대한 설명을 결혼의 반대편에만 묶어둔다는 것이다. 결혼을 중심에 두고 그것의 대척점인 주변부에 혼자 사는 삶을 놓은 뒤, 결혼 바깥의 삶이 괜찮은가 아닌가를 측정한다. 결혼의 편에 서서 혼자 사는 삶을 바라보며 취약하다고 단정 짓는다. 마치 결혼이 표준이자 정상이고, 비혼은 일탈이자 비정상인 것처럼.

되레 현실은 거꾸로 아닌가. 비율만 놓고 보면 성인들이 살아가는 방식에서 혼자 살기는 다수이자 주류가 되었다. 2015년 무렵부터 한국의 주된 가구 형태가 된 1인 가구는 2021년 기준 716만 6,000가구로 전체의 33.4%에 이르렀다. '정상가족'이라 불리는 부부와 자녀로 구성된 가구(29.3%)보다 많다. 전체 가구의 3분의 1이 넘을 정도로 흔한 삶의 유형이 여전히 사회적으로 비정상, 소수, 비주류처럼 이야기되는 것은 무언가 이상하지 않은가.

국내의 1인 가구 담론에서는 중년이 눈에 잘 띄지 않는다. 1인 가구를 다룬 정책과 담론은 주로 청년을 중심에 둔 '당당한 싱글'이거나, 노인을 중심에 둔 '돌봄이 필요한 싱글' 위주다. 중년 1인 가구가 등장할 때는 이혼 또는 '기러기 아빠'로 혼자가 되어 경제적 어려움을 겪는 남성의 사례로 다루어지거나, 새롭게 등장한 사회적 취약 계층으로 여겨진다. 아마 1인 가구 중 이미지가 가장 부정적인 세대는 중년이 아닐까 싶다.

1인 가구 대책과 담론을 들여다볼 즈음부터 이전에는 잘 의식하지 못했던 혼자 사는 일이 내 정체성의 한 부분으로 여겨지기 시작했다. 내가 부러 의식했다기보다 사람들의 고정관념이 나의 자기 인식을 촉발했다고 해야 맞겠다.

예컨대 업무상 새로 만나는 사람과 인사를 나눌 때 자녀는 몇 살이냐 등등의 별 뜻 없는 인사치레를 예전보다 자주 듣게 되었다. 자녀가 없다고 대답하면 상대가 당황하는 빈도도 젊은 시절보다 늘었다. 내 또래에 비혼·비출산 여성이 있으리라 짐작하지 못해서였을 것이다. 한 고위 공무원은 내가 당연히 기혼인 줄 알고 "가족이 없는 사람은 극단적"이라는 둥 비혼 여성에 대한 험담을 하다 내 지적을 받고 사과한 일도 있다. 새로운 취약 계층으로 호명될 때를 제외하면 비혼·비출산인 중년은 사회에 없는 존재처럼 취급되거나, 있다고 해도 무언가 좀 비정상적인 사람처럼 여겨진다는 것을 종종 절감했다.

규모를 보면 중년 1인 가구가 그렇게 있는 듯 없는 듯 취급될 대상은 아니다. 통계청의 「2021 인구주택 총조사」에서 1인 가구 중 중년인 40~64세 인구는 269만 7,716명으로 전체 1인 가구의 37.6%를 차지했다. 또 「2021 중장년층 행정통계 결과」에 따르면 40~64세에 해당하는 사람이 1명 이상 포함된 가구 중에서 1인 가구는 20.1%에 이르렀다. 중년도 다섯 집 중 한 집꼴로 혼자 산다는 이야기다.

평생 혼자 사는 생애미혼도 증가 추세다. 생애미혼율은 일본에서 생겨난 말로 45~54세의 평균 미혼율을 뜻한다. 50세에 결혼하지 않았다면 평생 홀로일 거라고 추정하는 것이다. 통계청은 생애미혼율을 따로 작성하지 않지만, 장래인구추계의 혼인 상태별 대상 인구 구성비로 계산해 보면 생애미혼율은 남성이 16.8%, 여성이 7.6%다(2020년 기준). 2040년에는 남성 37.6%, 여성 24.7%로 늘어날 것으로 보인다. 2022년을 기준 삼아 앞으로 18년쯤 뒤에는 대략 남성 3명 중 1명, 여성 4명 중 1명이 생애미혼일 가능성이 크다는 이야기다.

　게다가 요즘 청년 세대는 이전보다 훨씬 더 비혼을 선호하는 까닭에 중년 1인 가구의 규모는 계속 늘어날 것이다. 여성가족부의 「2020 가족실태조사」에서 20대의 52.9%, 30대의 42.7%는 결혼하지 않고 혼자 사는 것에 동의한다고 답했다. 2022년 서울시의 「1인 가구 실태조사」에서도 1인 가구의 86.2%가 혼자 사는 삶에 만족한다고 응답했고, 향후 희망하는 가구 형태도 "지금처럼 혼자"라는 대답이 36.8%로 가장 많았다.

　중년 1인 가구, 홀로 나이 들어가는 '에이징 솔로 Aging Solo'가 대폭 늘어난다는 것은 무엇을 의미할까. 혼자 사는 게 과도기적 상태가 아니라 삶의 기본값인 사람들이 나이 듦이라는 과제를 함께 직면하고 있다는 뜻이다. 지금까지 노인 1인 가구는 노년기에 접어든 뒤 배우자와 사별한 경우가 대다수였지만, 이제는 혼자인 상태로 중년에서 노년으로 생애 전환을 겪게 될 대규모 집단이 등장했다. 우리가 가본 적 없는 초고령 사회에, 솔로의 조건으로 진입하는 사람들이 늘어나게 되었다. 아무리 요즘 자녀가 부모를 돌보지 않는다고 해도 노년에 자립이 어려워지면 중요한 의사결정을 자녀에게 의존하는데, 자녀가 없는 에이징 솔로가 늘어나면 노년과 생의 막바지 풍경도 크게 바뀔 것이다.

에이징 솔로는 결혼에 대한 주위의 압력에서 어느 정도 자유로워졌고, 혼자인 삶을 오랫동안 꾸려온 사람들이다. 혼자 사는 성인도 경제적 독립, 주거, 친밀한 관계 맺기, 정서적 안정, 노년의 준비 등 모든 사람이 겪는 생애 과제들을 마주한다. 세상이 비혼인 중년을 취약하고 비정상적이며 비참해질 것이라고 바라보는 이유는 나이 들어서도 혼자 사는 사람들은 이 생애 과제들을 제대로 치러내지 못하리라 예단하기 때문은 아닐까. 물론 그럴 수도 있지만 그건 결혼한 사람들도 마찬가지다. 사람이 성숙해지고 온전한 삶을 살아내는 과정은 애초에 결혼 여부와 상관없는 일이다.

혼자 사는 삶을 결혼과 대비되는 지점에만 묶어두는 흔한 시각과 해석이 마음에 들지 않았던 나는, 혼자여서 결핍되고 불완전한 게 아니라 혼자로도 충분한 에이징 솔로의 삶이 궁금했다. 혼자 산 지 20년이 되어가는 나도 종종 불안했고 갈증에 시달렸기 때문이다. 중년 여성의 어려움으로 '빈둥지증후군'을 이야기하고 잘 늙어가는 방법으로 '배우자와의 관계 재정립'을 말하는 사회에서, 혼자 사는 내가 참조할 만한 현재와 미래의 이야기를 찾을 수 없었다. 에이징 솔로의 삶에 '없는' 것 말고 '있는' 것, 그들이 경험하는 여정과 마주하는 문제들에 대처하는 방식, 새로이 만들어 가는 관계들이 궁금했다. 있는 듯 없는 듯 취급받는 에이징 솔로의 삶을 가시화하고 싶었다.

혼자 사는 사람을 정의하는 기준은 다양한데, 이 책에서 말하는 에이징 솔로는 결혼의 경험이 있건 없건 스스로 배우자와 자녀가 없는 상태로 살기를 선택해 현재 그렇게 살고 있는 중년을 뜻한다. 대다수가 1인 가구지만, 친구 등 동거인이 있는 경우에도 배우자와 자녀가 없는 비혼의 중년은 에이징 솔로에 포함했다.

서울시의 2022년 「1인 가구 실태조사」에 따르면 중장년층에는 청년, 노인과 달리 (자발적으로 혼자 살고 주거와 경제 상황이 안정적인) 독립형 1인 가구가 37%로 가장 많다. 독립형과 그다음으로 많은 (자발적으로 혼자 살고 주거와 경제 상황이 불안정한) 유목형 중장년 1인 가구를 합한 60%가 이 책에서 말하는 에이징 솔로와 대략 겹치지 않을까 싶다.

나는 2021년 겨울부터 40~64세 에이징 솔로 여성 19명을 만나 외로움과 친밀감, 돌봄, 가족과 우정, 생계와 주거, 노후, 죽음 등 나이 들어가는 우리의 '혼삶'을 구성하는 것들을 주제로 이야기를 나누었다. 내가 만난 사람 중 7명은 정규직, 9명은 비정규직이고 3명은 자영업을 한다. 13명은 수도권에 살고 3명은 전북, 1명은 경남, 1명은 충남, 1명은 강원도에 산다. 이들 이외에도 노년의 삶에 대한 힌트를 얻으러 65세 이상인 비혼 여성 3명을 만났다.

에이징 솔로 남성도 2명 만났으나 이 책에는 포함하지 않았고, 남성 인터뷰이를 찾는 일도 그만두었다. 아직 가부장제가 역력한 한국 사회에서 남성의 비혼은 남성성에 거의 아무런 영향을 주지 않고, 비혼 남성의 경험은 여성의 경험과 크게 다르다. 절실하다고 느끼는 생애 과제에 큰 차이가 있어서 하나의 이야기로 묶기 어렵다고 판단했다.

'에이징 솔로'라는 용어를 쓴 이유도 설명해야겠다. 에이징 솔로는 문자 그대로 '혼자 나이 들어가 상태'를 뜻한다. 사람을 지칭하려면 '솔로 에이저Solo Ager'라고

써야 하겠지만, 이 책에서는 사람에 대해서도 에이징 솔로라는 용어를 썼다. 국내에서 '솔로'가 혼자 사는 사람을 지칭하는 용어로 쓰이는 관행, 미국에서도 혼자 살기를 선택한 사람을 불완전한 느낌을 주는 '싱글' 대신 혼자로도 온전한 '솔로'로 부르자는 운동[1]이 일어나고 있는 상황을 감안했다. 우리말로 썼다면 보다 친숙했겠지만 '비혼 중년'에 대한 부정적 고정관념이 계속 환기되는 것을 피하고자 다소 낯선 조어를 선택했다.

이 책에 실린 에이징 솔로와 나의 이야기가 중년 1인 가구를 대표한다고 생각하지 않고 일반화할 수도 없다. 전부 다른 삶의 조각, 이야기의 일부일 뿐이다. 내가 만난 사람들도 대화 도중 이런 게 이야깃거리가 되느냐고 되묻고는 했다. 자기 이야기가 사적인 경험 이상이 아니라고 생각하기 때문이다. 그러나 혼자 살기는 이미 많은 이들이 공통으로 갖는 삶의 조건이 되었다. 그러한 삶의 방식과 그것이 사회에 끼치는 영향은 제대로 논의되고 있는가? 1인 가구의 급증으로 관련 담론도 증가하는 추세지만, 당사자가 내어놓는 이야기 일부를 제외하고는 대체로 '위기'이자 공동체가 무너지는 징후처럼 다루어진다. 그런 담론 안에서 자신의 삶이 설명되지 않는다고 느끼는 사람은 나만이 아닐 것이다.

자신의 삶을 이해하기 위해서도 우리에게는 이야기가 필요하다. 다른 사람의 이야기를 통해 자기 자신을 다양한 각도에서 바라볼 수 있게 되고 자신의 삶을 재구성할 수 있게 된다. 나는 에이징 솔로와 만나 이야기를 나누면서 삶의 전환기에 서서 마주한 스스로의 질문을 정리할 수 있었고, 쓸데없이 무겁던 마음이 가벼워졌다. 마음속에 꼬깃꼬깃 숨겨두었던 애매한 불안을 좀 더 선명하게 바라볼 수 있게 되었다. 어떤 문제에는 여전히 답을 찾지 못했지만, 적어도 서두르지 않고 풀어야 하는 어려운 문제라고 밑줄을 그어놓았다.

　　이 책에 나오는 에이징 솔로의 이름은 모두 가명이거나 본인이 사용하는 별명이다. 이들의 이야기가 잘못 전달된 부분이 있다면 전적으로 저자인 나의 책임이다. 자신이 살아가는 이야기를 기꺼이 들려준 이들에게 깊은 감사를 드린다.

　　고작 몇 시간의 인터뷰가 다 담지 못했을 진실, 만나지 못한 다른 삶들의 어마어마함을 생각할 때면 책의 쓸모에 회의가 일기도 했다. 기록할 의지가 곧잘 꺾였지만, 오랫동안 나 자신도 모른 체했으나 사실은 중요했던 내 삶의 조건을 이해해 보고 싶은 열망이 이겼다. 이기려는 마음을 옆에서 부축해 준 조연주 편집자가 아니었으면 이

책은 나올 수 없었다.

　　에이징 솔로들은 인생이 던지는 질문에 각자 생각하는 최선의 방식으로 응답하며 삶을 꾸려왔다. 이 책은 나 자신과 그들의 삶을 엮은 모자이크다. 각자 자신의 이야기를 써 내려가는 다른 이들에게 이 책이 쓸모 있는 참조가 될 수 있다면 좋겠다.

차례

추천의 글 5

프롤로그 7

1장 에이징 솔로가 온다
—4050 비혼 여성들의 '혼삶' 지형도

1. 솔로로 중년 되기 23

2. 비혼의 이유를 물으신다면 41

3. 아이를 낳지 않은 여성은 이기적이다? 62

4. 에이징 솔로는 더 외롭다? 80

5. 혼자 아플 땐 이렇게 91

2장 솔로는 혼자 살지 않는다
—느슨하고 안전한 가족 바깥의 친밀함에 관하여

1. 가장 사랑하는 단 한 사람? 111

2. 비혼은 가족에게서 독립했을까? 126

3. 우정을 중심에 둔 삶 140

4. 타인에게 기대어 마을에 뿌리내리기 155

3장 홀로 외롭게 나이 든다는 거짓말
— 생계, 주거, 돌봄, 죽음을 준비하는 비혼의 상상력

1. 스스로를 먹여 살리는 일 179

2. 어디서 살까? 195

3. 에이징 솔로와 부모 돌봄 215

4. 와병, 고독사와 마주하기 230

5. 할머니가 되어도 서로를 돌볼 수 있을까? 250

4장 한국 사회에 솔로의 자리를 만들기
— '나'와 '우리'를 환대하는 제도를 꿈꾸며

1. 비혼에 대한 차별, 싱글리즘 271

2. 솔로를 포용하는 제도를 만들려면 286

3. 미래의 가족을 그리며 301

에필로그 315

참고한 책들의 목록 320

주 322

1장
에이징 솔로가 온다

—4050 비혼 여성들의 '혼삶' 지형도

1. 솔로로 중년 되기

"노처녀가 사라졌다."

2022년 7월 온라인 뉴스를 보던 중 눈에 띈 제목이다. 뉴스를 열어보니 나이 든 비혼 여성을 부정적으로 묘사하는 표현인 '노처녀'가 뉴스 제목에서 점차 줄어들다가 이제 더는 쓰이지 않는다고 한다.

경향신문 데이터저널리즘팀 다이브가 뉴스 제목에서 여성을 묘사하는 방식이 어떻게 변화했는지 확인하기 위해 10년 치 뉴스 763만 8,139건을 전수 분석한 결과, '노처녀'라는 표현은 2020년 4월을 끝으로 뉴스 제목에서 사라졌다. 다이브는 "누군가를 노처녀라 지칭하는 것은 무례한 행동이라는 암묵적 합의가 생긴 것"이라고 분석했다.[1]

반가운 변화다. 그러고 보니 일상생활에서도 노처녀라는 말을 듣거나 읽은 지 오래다. '골드 미스'라는 표현도 요즘 잘 쓰이지 않는다. 돈을 물 쓰듯 하는 고소득 여성이 인생을 즐기려고 결혼하지 않는다는, 어처구니없는 뉘앙스를 물씬 풍기던 그 말도 거의 사라져 반갑다. 1인 가구가 대폭 늘고 평범한 여성들이 나이 들어서

도 혼자 사는 게 드물지 않은 삶의 양식이 되면서 생겨
난 변화일 것이다.

최근의 변화를 짚어보다 문득 10여 년 전의 일이
떠올라 슬며시 웃음이 났다. 마흔두 살이 되던 해, 나는
18년간 다니던 직장을 그만두었다. 가만히 있으면 정년
퇴직까지 쭉 갈 수 있는데 별 대책도 없이 굳이 이 길은
아닌 것 같다고 사표를 낸 나를 한 선배가 회의실로 불
렀다. 왜 그만두려고 하느냐, 다시 생각해 보라는 설득
끝에 선배가 답답하다는 듯 말했다.

"네 나이에 남편도 없고 자식도 없으면서, 회사까
지 그만두면 어쩌려고 그래? 인생 망칠 작정이야?"

지극한 염려인지 노골적 비난인지 알쏭달쏭한 말
을 듣고 얼떨떨해져서 내가 뭐라고 대답했는지는 기억
나지 않는다. 그저 '내 나이의 여성이 남편도, 자식도,
정규직 직장도 없으면 인생 망가진 것으로 보이나 보다'
하는 인상만 선명히 남았다.

남들이 어떻게 보든지 말든지 나는 '남편도, 자식도
없이' 어디에도 묶이지 않았던 덕택에 홀로 긴 여행을
여러 번 떠났고, 새로운 모험을 할 수 있었다. 안전한 일
터를 떠나 낯선 분야에 뛰어들지 않았더라면 겪기 어려
웠을 소중한 경험을 쌓았다. 물론 가족이 있다고 불가능

한 경험은 아니었겠지만, 인생의 중요한 의사결정을 할 때 내 변수만 고려하면 되는 솔로라서 생각을 행동으로 옮기기가 쉬웠다.

가족주의가 강력한 사회에서 오랫동안 혼자 살아온 경험이 밝고 따뜻했다고만은 말할 수 없다. 그러나 이 경험은 내가 살아가는 세계와 다른 사람에 대한 이해를 넓혀온 시간이기도 했다. 이혼한 뒤 내가 오래 속했던 제도와 그 안에서의 삶을 되돌아볼 수 있게 되었고, 주류에서 벗어난 삶, 사회적 소수자의 삶에 근거 없는 낙인을 찍는 행위의 부당함에 대해서도 더 깊게 생각할 수 있게 되었다. 다른 사람을 겉모습으로 단정 짓지 않고 남의 속내를 쉽게 넘겨짚지 않으려 노력하는 자세도 배웠다.

여전히 사는 일에 흔들리고 헷갈릴 때도 많지만, 나이가 들면서 문제를 다루는 품과 역량도 늘어났는지 젊은 시절만큼 괴롭지는 않다. 요컨대 나는 또래의 기혼자들과 크게 다를 바 없이 그럭저럭 내 삶을 꾸려가고 있고, 10여 년 전 선배의 우려와 달리 인생을 망치지 않았다.

이대로 충분한 중년의 '혼삶'

내가 만난 에이징 솔로들도 중년에 이른 자신의 '혼삶'에 대체로 긍정적이었다.

지역단체에서 일하는 강미라(52)는 현재 비혼생활의 만족도에 점수를 매겨보라고 하자 100점 만점에 98점을 줬다. 절친한 친구가 가까이 살지 않기 때문에 2점을 뺐다고 한다. 그는 몇 년 전 넓은 주거공간을 찾아 경기도 소도시로 이주했다.

> "나이 들면서 삶의 만족도가 높아졌어요. 어릴 땐 뭔가 남들은 나보다 더 로맨틱한 시간을 보내는 거 같아 우울할 때도 있었고 혼자 사는 데 대한 좌절감도 있었는데, 50대가 되니까 좋아요. 한때 결혼할 뻔했는데 지금은 하지 않기를 잘했다고 생각해요. 20대 때도 재미있게 살았지만 뭔지 모를 조바심과 불안이 있었어요. 그런데 이제 그런 게 없어졌어요. 넓은 공간을 찾아 이사도 했고, 갱년기 증상을 겪기는 해도 나이 들수록 삶이 나아진다고 생각해요."

어떤 면이 나아지느냐 물으니 그는 자신의 태도 변

화를 들었다.

"힘든 상황이야 예나 지금이나 마찬가지고
어쩌면 힘든 일이 지금 더 늘어났다고 할 수도
있는데, 그걸 대면하는 내가 달라졌어요. 지금은
아무리 힘이 들어도 골짜기 바닥에 있는 거니까
조금만 지나가면 올라간다는 걸 알고 참는 힘이
생겼달까요? 상황을 있는 그대로 받아들이려고
노력하고, 과민 반응이나 과대 해석을 예전보다
덜 하는 것 같아요. 현실적 목표를 설정할 줄
알게 되었고, 인맥과 네트워크에 목매지 않고
나에게 소중한 관계에 집중하게 되었죠."

계속 일을 해온 솔로에게는 중년기가 가장 경제활
동이 활발할 때다. 직장을 다니다 지금은 프리랜서로 일
하는 박진영(46)은 "솔로의 삶에서 40대가 전성기 같
다"라고 했다.

"일하는 비혼 여성으로 40대가 되면 나 하나
건사하는 것은 일단 쪼들리지 않고 할 수
있어요. 제 직업이 고소득 직종이 아닌데도

씀씀이 대비 넉넉해요. 계속 일해왔고
부양가족이 없으니까요. 아이, 남편, 시댁,
친정이 없으니까 최우선 순위로 신경 쓰고
챙겨야 할 대상이 오로지 나와 나의 일뿐이라는
점을 100% 활용하고 있는 것 같아요.
프리랜서라 언제까지 일감이 꾸준히 있으리란
보장이 없으니, 지금 할 수 있을 때 최대한 많이
일해야겠다는 생각도 있고요. 지금으로서는
일이랑 결혼했다는 표현이 아주 틀리지도 않은
것 같아요. (웃음) 같이 사는 사람이 있으면
좋게든 싫게든 계속해서 대화나 사소한 일들이
불쑥불쑥 끼어들 텐데, 그런 것 없이 시간의
우선순위가 온전히 나한테 달려 있고, 집중해야
할 시간을 내 의지로 더 잘 확보할 수 있다는 게
일하는 데 있어서 굉장히 큰 자산 같아요.

솔로로 나이 들어가는 것에 대한 느낌을 묻자 그는
이렇게 답했다.

"나이 들어가면서 점점 좋아지는지는
모르겠지만 젊었을 때로 돌아가고 싶지는

않아요. 젊은 시절이 너무 괴로웠어서 돌아가기
싫다는 게 아니라, 감사하게도 관심 가는 일은
충분히 다 해볼 수 있었고, 그렇게 보낸 인생에
무언가 맺혔거나 억울한 점이 없다는 뜻이에요.
결혼과 출산은 못 해봤지만 어떤 시기에도
그것들이 간절히 해보고 싶은 우선순위의
일은 아니었고, 사회적으로 성취하고 인정을
받는 것은 제 기준으로 과분할 만큼 해봤다고
생각해요. 지금 가진 것보다 더 많이 가질 수
있을 거라고도 생각하지 않고요."

광고대행사 임원에서 비영리단체 활동가로, 컨설턴
트로 직업을 몇 차례 바꾼 남지원(60)은 이사와 이직 등
중요한 결정을 할 때 홀가분한 선택이 가능했던 점을
솔로의 장점으로 꼽았다. 그는 "지금까지 살면서 가졌
던 여러 기회 중 70~80%는 비혼이어서 갖게 된 것 같
다"라고 했다.

"직장을 6년 다니면서 돈을 모아 서른한 살에
유학을 갔어요. 제가 책임질 관계가 없으니까
선뜻 결정할 수 있었죠. 40~50대 때에도 몇

년에 한 번씩 직장을 그만두고 이직하는 선택을 했는데 어떤 모험을 해도 그 영향을 받는 사람은 나 하나니까 결정이 어렵지 않았어요. 제 선택을 두고 어떤 사람들은 용기 있다고 하는데, 용기가 있는 게 아니라 장애물이 없는 거죠. 물론 비빌 언덕도 없지만."

그는 "그런 결정을 했기 때문에 내가 '지금 여기'라는 세계에 와 있을 수 있는 것"이라면서 새로운 세계를 만날 수 있었던 자유로움을 솔로의 장점으로 꼽았다.

노년이 그리 멀지 않은 60세를 비혼으로 맞이한 느낌은 어떨까. 그는 "이대로 충분하다"라는 느낌이라고 말했다.

"젊은 시절에 눈이 빠지도록 미친 사랑을 했더라면 그 경험을 살아보고 싶어서 결혼했을지도 모르지만, 프러포즈를 받을 때조차 그런 느낌이 없어서 선택하지 않았어요. 어느 나이가 되면 결혼하고 출산하고, 늙으면 뭐 하고…. 그런 일정한 단계를 밟아나가고 싶은 마음은 예전에도 없었고 지금도 없어요."

그는 2021년에 60세를 맞아 스스로 통과의례를 기획했다. '돌아온 말들'이라는 개인 프로젝트를 진행하면서 가까운 사람들에게 "내가 당신에게 했던 말 중 기억에 남아 있는 말을 나에게 들려주세요"라고 요청한 것이다. 어릴 때 친구나 가족을 제외하고 사회생활을 하면서 만난 친구, 동료, 후배 30여 명에게 보냈는데 20명에게서 답이 왔다. 한두 문장의 문자메시지부터 그에게 들은 말을 엑셀로 정리하고 그 말을 들었을 때 자기 느낌까지 써서 돌려준 후배도 있다고 했다.

> "60이 되어 지금까지의 삶을 돌아보고 다음
> 10년을 어떻게 살까 고민하는 시간을 스스로
> 만드는 게 목적이었어요. 내가 실제의 나를 잘
> 모를 수도 있으니까 내가 어떤 인간이고 어떤
> 관계의 그물망 속에 있는지 알고 싶어서 기획한
> 거죠. 혼자 앉아 생각만 해서는 모르잖아요.
> 일반적인 생애 경로와 다른 삶을 살수록
> 여행이든 이벤트든 스스로 인생의 매듭을
> 만들어서 자기를 낯설게 보는 훈련을 해보는 게
> 필요하다고 생각해요."

더는 젊지 않아 편해진 씁쓸한 이유

에이징 솔로 여성이 청년일 때보다 나이 든 중년의 삶이 낮다고 생각하는 데에는 한국 사회가 결혼하지 않은 젊은 여성을 대하는 태도와도 관련이 있다.

약사인 송미영(47)은 중년이 되니 혼자 살아가기가 이전보다 편해졌다면서 이렇게 말했다.

> "결혼하지 않은 젊은 여성은 사회의 최약자 같아요. 다들 만만하게 보고 무시하고 함부로 대하는데, 그에 맞설 아무런 무기가 없으니까요. 나이가 드니까 지금은 다른 사람들이 저에게 함부로 못 해요. 나이도 들었고 웬만큼 공격을 받아칠 내공도 생겼거든요. 스스로도 상처를 덜 받아서 20대 때보다는 훨씬 살 만해요. 남자들이 중년의 비혼 여성을 싫어하지만 두려워한다는 느낌도 들어요. 20대 비혼 여성은 만만하게 생각하고 수단화해서 바라본다면, 중년의 4050 비혼 여성은 남자와 경쟁 구도에 있거나 남자보다 우위에 있는 일도 있으니까요."

설치미술가인 정세연(54)도 50대 중반이 되어 이전

보다 편해진 이유 중 하나로 혼자 사는 여성에 대한 성적 공격과 희롱의 감소를 꼽았다.

> "30대 초반에 유학을 간 이유는 예술계에서 젊은 여성으로 살아가기가 너무 힘들었기 때문이었어요. 제가 일하는 장르 자체가 힘이 많이 들고 여성이 기를 펴기 힘든 영역인데, 젊은 여성을 성적 대상으로 삼고 희롱하는 것까지 더해지니 스트레스가 너무 심했어요. 미국에서 14년을 보내고 40대 초반에 귀국했을 땐 '외국에서 살다 온 여자'라는 딱지가 하나 더 붙어 '많이 놀아봤지?' 같은 식으로 공격하더라고요. 50대 중반인 이제야 편해졌어요. 성적 대상화나 괴롭힘이 줄었죠. 결혼과 출산에 대한 주변의 압력, 무례한 질문도 많이 사라졌고요. 물론 비혼 중년 여성에 대한 부정적인 편견이 여전하고 공격적인 말을 들을 때가 간혹 있지만, 20대 때보다 경제적, 사회적 여건이 훨씬 나아졌고 대처하는 내공도 늘어났죠."

그는 살짝 비꼬는 투로 "한국 사회의 나이주의가 어떨 땐 편리하다"라고 했다.

> "나이로 차별하니까 어릴 때는 손해였는데
> 지금은 나를 늙은이라고 생각해서인지 20대
> 때에 비하면 누가 대놓고 함부로 말하지는
> 않으니까요."

더는 젊은 여성이 아니라서 일상이 편해졌다는 말은 좀 씁쓸한 증언이기도 하다. 나이가 어리다고 만만하게 대하는 무례함이나 젊은 여성에 대한 성적 대상화가 그만큼 심하다는 방증이니까 말이다.

또 내가 만난 에이징 솔로 여성들이 크게 겪지 않아서 그렇지, 나이 든 여성에 대한 성적 대상화와 폭력은 여전히 현실에 만연하다. 여기서는 그런 현실을 부인하려는 것이 아니라 자신의 현재 삶을 각자의 과거와 대비했을 때 달라졌거나 재정의된 관점을 이야기하는 것이다.

비혼 여성의 삶의 만족도가 나이가 들면서 높아지는 경향은 조사에서도 확인된다. KB금융지주 경영연구소가 펴낸 〈2020 한국 1인 가구 보고서〉에 따르면 "과거 조사에서는 연령대가 높아지면 1인 생활 지속 의향이 낮아지는 경향을 보였는데, 2020년 조사에서 남성과 달리 여성은 연령대가 높아져도 1인 생활 의향에 거의 변동이 없는" 것으로 나타났다.

이 조사 결과에서 눈에 띈 것은 에이징 솔로 여성의 자신감이다. "자기 주도적 삶을 살고 있다고 생각한다"라는 진술에 전체 1인 가구의 51.4%가 그렇다고 대답했는데, 40대 여성은 58.6%, 50대 여성은 65.5%가 그렇다고 대답해 평균을 훌쩍 뛰어넘었다. "일상생활에서 소신을 표현하는 편이다"라는 말에도 그렇다고 응답한 1인 가구는 전체의 50.8%였는데, 40대 여성은 58.6%, 50대 여성은 61%로 평균보다 훨씬 많았다.[2]

자기 인식과 주변 시선 사이의 격차

'소신 있게, 자기 주도적으로' 살아가는 에이징 솔로 여성이 많음에도, 주변에서 바라보는 시선은 그러한 자기 인식과 격차가 크다. 성인이 된 지 한참 지난 중년인데도 혼자 사는 것을 일시적 상태라고 간주하거나 혼자서 일상을 제대로 챙기지 못할 것이라고 단정하는 시선이 여전하다.

정세연은 14년간 미국에서 혼자 살면서 비싼 물가 때문에 외식을 하는 대신 직접 요리해서 끼니를 챙기는 게 습관이 됐고, 경험이 쌓여 요리를 잘하고 빨리하는 편이다. 그런데 주변에서 그 사실을 거의 인정하지 않는다고 했다.

> "언젠가 고등학교 친구를 우연히 만났는데 친구가 집에 놀러 오라고 하더니 '혼자 사는데 잘 챙겨 먹기나 하겠냐. 맛있는 거 해줄게'라고 말하더라고요. 뭐 고마운 말이긴 해도 혼자 사는 사람이 그럴 거라고 단정하는 게 좀 어이가 없어서 '야, 그런데 내가 너보다 훨씬 잘할걸?'이라고 대답했어요. 믿지 않더라고요. 이런 일은 수시로 있어요. 엄마도 한동안 우리 집에 오면 꼭 냉장고를 열어 훑어보셨어요. 제가 혼자 살면서 제대로 된 음식을 챙겨 먹지 못할 거라고 생각하시는 거죠. 그래서 일부러 엄마한테 보여드리려고 요리하기도 했어요. 내가 먹고사는 일에 대한 염려는 내려놓으시라고."

공익재단법인에서 일하는 박인주(50)는 마흔 넘어
서도 주변으로부터 "자취생"이라는 말을 곧잘 들었다고
한다. 일시적으로 혼자 살고 온전한 살림을 꾸리지 않았
으니 일상을 잘 챙기지 못할 거라고 여기는 것이다.

> "행사가 끝나고 음식이 남으면 어른들이 꼭
> 저를 지목해 '자취하면 제대로 못 먹을 테니까
> 챙겨 가라'라고 하세요. 심지어 여성운동을
> 했던 선배들도 행사나 모임에서 혼자 사는
> 남자를 발견하면 저와 그 사람의 의사와는
> 전혀 상관없이 '둘이 잘해봐' 같은 이야기를
> 아무렇지도 않게 하고요. '혼자 잘 지내는 나이
> 든 여성'이라는 개념이 별로 없는 거죠."

연배가 높은 사람들만 그렇게 보는 게 아니다. 2021
년 25~42세의 고학력 비혼 1인 가구 여성들을 심층면
접한 이화여자대학교 사회학과 김민지 교수의 연구[3]에
따르면 "연구 참여자들은 혼자 사는 것에 대체로 만족
하며 혼자 사는 경험을 통해 강화된 개인성을 즐기고
그것에 익숙해졌지만, 나중에 나이 든 삶을 그려보았을
때 혼자 사는 것이 바람직하다고 보는 경우는 거의 없

었다"라고 한다.

한 연구 참여자는 혼자 사는 나이 든 여성을 사람들이 이상하게 보고, 약간 소문도 돈다고 이야기하면서 주변 분위기가 그렇다 보니 자신도 '아, 나이 들수록 혼자 사는 것은 사람들이 수군대는 일이 되는구나'라는 인식을 갖게 된다고 했다. 주변에서 수군대는 말들이 딱히 비난이라고 할 수는 없지만 폭력적 무게감이 실려 있다고 느꼈다는 것이다.[4]

에이징 솔로 여성들이 주변의 시선을 모르거나 아무렇지도 않아서 혼자 사는 삶을 선택한 것은 아니다. 그럼에도 불구하고 자기 삶의 맥락에서 이 방식을 선택한 다른 이유와 가치가 있을 뿐이다.

사실 나는 결혼을 꼭 해야 한다고 생각하지 않지만, 비혼주의자도 아니다. 결혼과 비혼이라는 삶의 방식에 어떠한 신념을 갖고 굳게 지키겠다는 '~주의'를 붙이는 사람을 존중하기는 해도 좀 어색하다고 느낀다. 자기 삶에서 친밀한 관계를 어떤 방식으로 꾸려가느냐 하는 문제는 때와 상황에 따라 언제든 달라질 수 있다고 생각한다. 개인이 선택하기 나름이다. 나는 오래 혼자 살아왔지만 누군가와 함께 살게 될 수도 있고 다시 혼자 살게 될 수도 있으며, 친밀한 누군가와 함께 살지는 않되 가까이에서 지내고 싶어질 수도 있을 것이다. 한 사람의 삶 안에서도 살아가는 방식은 다양하고 언제든 바뀔 수 있다.

내가 이상하다고 느끼는 건, 1인 가구의 수가 결코 적지 않음에도 '혼삶'을 지속적인 삶의 방식으로 채택한 에이징 솔로 여성이 왜 아직도 앞에서 인용한 연구 참여자의 설명처럼 '폭력'적 '무게감'이 실린 눈초리를 받는가 하는 점이다. 전통적 가족의 모습에서 이탈했다고 해서 왜 '남편도, 자식도 없는' 결핍의 인생이라고 바라보는 걸까? 왜 외롭고 힘들 거라고만 짐작하는 걸까?

인터뷰 대상에 포함하지는 않았지만, 에이징 솔로 남성의 경우도 사회적·경제적 요인들을 통제하고 나면 오히려 1인 가구로 살아가는 것이 주관적 행복감에 긍정적인 영향을 주는 변인으로 나타났다는 연구[5]도 있다. 무겁게 바라봐야 할 대상은 되레 남녀 모두에게 가족 구성을 위험과 부담으로 여기게 만드는 뿌리 깊은 가족주의가 아닐까?

다른 모든 기혼자와 마찬가지로 에이징 솔로도 각자 다른 방식으로 풍성한 삶을 살며 동시에 각자의 고난과 풀어야 할 과제들을 짊어지고 있다. 누구에게 권할 것도, 비난할 것도 아니고 그저 다양한 삶의 방식 중 하나일 뿐이다. 에이징 솔로가 유별나 보이지 않고 평범하고 자연스럽게 여겨지는 것. 그것이 내가 이 책을 쓰면서 이루고 싶은 소망 중 하나다.

2. 비혼의 이유를 물으신다면

오랜 기간 모든 제도와 산업이 결혼을 통한 가족 형성만을 온전한 성인이 되는 유일한 길로 간주하고 지배적 가치를 부여해 온 사회에서, 새로운 삶의 서사를 떠올리기는 쉽지 않다. 그래서인지 누군가 그 단일한 경로를 따르지 않으면 무슨 결함이나 사정이 있는 게 아닐까 추측하는 경우가 흔하다.

책을 쓰기 시작할 무렵 한 20대 비혼 여성이 내게 했던 말도 그런 추측에서 비롯된 듯했다. '혼삶'으로 나이 드는 것이 궁금했는데 책으로 나오면 정말 좋겠다면서 그는 이렇게 말했다.

"중년 이상의 비혼 여성이 자신의 적극적인 선택으로 비혼이 됐으리라 생각해 본 적이 없어요."

그 말에 놀라서 그렇게 생각하는 이유를 묻자 중년 나이대의 여성이라면 아주 능력이 있어서 혼자 살거나, 선택할 수 없었던 게 아닐까 상상했다는 것이다. 성공하기 위해 일에 몰두한 결과 얻게 된 재력과 사회적 지위에 기대어 비혼이 됐거나, 어떤 결함 때문에 혼자 살게 되었을 거라는 추측이리라.

결혼이나 가족 관계를 묻는 데에 지나치게 거침없는 사회인지라 나도 왜 혼자 사는지에 대한 질문을 곧잘 받아왔다. 언젠가 업무로 만났던 사람은 내가 대답도 하기 전에 "맹렬여성(이라는 괴상한 표현을 왜 떠올렸는지 모르겠지만…)이라 일과 결혼하셨군요"라고 자문자답했다. 기자로 일하던 시절에는 회식 자리에서 어떤 이가 왜 짝을 찾지 않느냐면서 "아니, 멀쩡한데 왜?" 하고 순진한 표정으로 물어 황당했던 적도 있다.

일과 결혼하다니, 무슨 그런 메마른 상상을…. 예전에 한 소설가의 글에서, 딱 보면 경찰인지 기자인지 직업이 보이는 사람은 잘못 산 것이라는 문장을 읽었던 기억이 난다. 나도 그렇게 생각한다. 일을 좋아하고 과로형 인간으로 살아온 건 사실이지만, 일이 나의 전부라고 생각해 본 적이 없고 일을 빼면 중요한 게 아무것도 없는 삶은 상상만 해도 끔찍하다.

왜 혼자 살고 있는가. 어쩌다 보니 그렇게 되었다. 내 경우는 결혼에 대한 낭만적 기대가 더는 없었고, 몇 번의 연애도 결혼이라는 제도에 다시 진입하는 방향으로 흘러가지 않았다. 나 하나쯤 건사할 역량은 있었고, 내가 혼자 지내는 시간과 공간을 절대적으로 필요로 하는 사람이라는 사실도 알게 되었다. 이대로 살아도 되는

지 흔들리고 위기의식을 느낄 때가 없지는 않으나, 그것이 삶의 우선순위를 바꿀 정도는 아니다. 염려와 비난, 때로는 적대의 시선을 모르는 바 아니지만 내게는 이 삶이 자연스럽다.

내가 만난 에이징 솔로도 크게 다르지 않았다. 대부분 '어쩌다 보니' 비혼이 되었다고 말했다. 별생각 없이 살다 이렇게 되었다는 뜻이 아니라, 비혼이 인생을 건 결단이나 비장한 선택이 아니었으며 자신의 가치관과 자기 삶의 맥락 안에서는 무리 없이 자연스러운 결과였다는 뜻이다.

각자의 이유는 전부 달랐지만, 공통점을 꼽자면 삶과 결혼을 바라보는 시각이 비슷했다. 이들은 결혼을 필수가 아닌 선택 사항이라고 여겼다. 법률적 파트너가 꼭 있어야 한다고 생각하지 않았다. 만나는 사람이 있으면서 혼자 사는 사람도 있고, 누군가를 만나면 좋지만 그렇지 않아도 상관없다는 사람도 있고, 아예 관심이 없거나 파트너와의 관계에서 기대하는 것을 다른 관계에서 충족하는 사람도 있다. 예전에는 엄마처럼 살지 않겠다고 비혼을 결심했다가도 어쩔 수 없이 결혼하는 경우가 많았지만 이제는 그러지 않아도 되는 경제적·사회적 여건이 갖춰진 영향도 컸다.

자신을 위한 선택을 우선하다

회사에 다니며 박사 논문을 쓰는 중인 정수경(45)은 "내 인생에 먼저 투자하는 게 나한테는 급선무"라서 혼자 살게 되었다고 말했다.

> "저도 그렇고 혼자 사는 주변 친구들을 봐도 신념이 강한 비혼주의자는 없어요. 결혼을 일부러 하지 않은 건 아니지만 사람을 만날 때 실질적인 계산을 하게 되더라고요. 둘이 함께 사는 삶을 선택하면 내 인생이 더 나아지나 따져보게 되는데, 그럴 가능성이 작다고 생각하면 선택하지 않았어요. 회사 다니면서 공부를 병행하는 제 인생에 초점을 맞추다 보니 결혼이 우선순위에서 밀려난 거죠. 스스로 안전하다고 느낄 만큼 자본을 축적하는 게 제 인생의 선결 요건이에요."

남지원은 "삶의 형태로 결혼을 선택할 거냐 아니냐를 두고 고민한 적이 없고, 그냥 하고 싶은 게 많아서 홀가분하게 나를 위한 선택을 해왔을 뿐"이라고 설명했다. 부모도 그의 기질을 일찌감치 파악해서인지 결혼하라는 성화도 하지 않았다고 한다.

> "제가 외동딸인데 아버지가 가끔 선문답 같은
> 질문을 던지셨어요. 열한 살 때 아버지가
> 결혼이 뭐라고 생각하냐 물으시길래 '친척이
> 2배가 되는 일'이라고 대답했던 기억이 나요.
> 몇 년 뒤에도 소원이 뭐냐 물으셔서 '내 방을
> 갖는 것'이라고 대답한 적도 있고요. 그런
> 선문답을 몇 번 하면서 제 기질을 파악하셨는지,
> 아버지가 돌아가실 때도 제가 비혼인 걸
> 걱정하지 않으셨어요. 언젠가 아버지가 고故
> 정광모 소비자연맹 명예회장 이야기를 하신
> 적이 있어요. 행사에서 우연히 그분을 만났을
> 때 '마흔이 다 되어가는 딸이 하고 싶어 하는
> 건 많은데 결혼할 생각을 전혀 안 한다'라고
> 했더니, 그분이 '혼자 사는 삶도 괜찮다'라고
> 대답하셨대요. 아버지 보시기에 저 멋진
> 분이 그렇게 얘기하는 걸 보니 비혼의 삶도
> 괜찮겠구나, 하고 생각하신 듯해요."

프리랜서 작가 오희진(52)은 나처럼 이혼 후 결혼제

도로 돌아가고 싶은 마음이 들지 않아 혼자 살기를 선택한 경우다.

> "만 30세 때 이혼 후 20년 넘게 혼자 살고
> 있어요. 한 번 겪어본 결혼생활에 대한 궁금증도
> 더는 없고, 사람이 서로에게 갖는 충성심과
> 헌신은 제도로 묶이는 것과 상관이 없다는 것도
> 알게 됐죠. 나만의 공간을 갖고 유지하는 게
> 제게는 가장 우선이에요. 좋은 사람이 생겨도 한
> 공간을 24시간 공유하고 싶지 않고 따로 살면서
> 주말에만 같이 보낸다든가 하는 방식으로 살고
> 싶어요."

에이징 솔로는 자신의 정체성에서 결혼 여부가 중요한 요소라고 생각하지 않는다. 공공기관에 다니는 김지현(52)은 "내가 어떤 사람이 되고 싶은지를 생각할 때 내가 하는 일과 무엇을 원하고 어떤 사람을 좋아하는지 등을 고민하는데, 결혼 문제는 거기에 포함되지 않았다"라면서 자신의 비혼에 대해 "환경과 기질이 복합적으로 작용한 결과"라고 했다.

"직장의 사업 회계 단위인 1년 단위에 맞춰
살다 보니 일단 인생의 장기적 계획을 세워본
적이 없고요. 스물아홉 살이 되던 해부터
엄마가 아팠는데, 제가 큰딸이라 '엄마의 엄마'
역할을 해야 한다는 생각이 강했어요. 보통
딸을 결혼시키려고 서두르는 엄마가 아프니
자연스럽게 결혼 기회에서 멀어졌죠. 아버지도
'네가 본부장이 되면 좋겠다'라고 하시지
'결혼하면 좋겠다'라는 말씀은 하지 않으셨죠.
흔히들 말하는 '결혼 적령기'를 지날 때도 별
느낌이 없었어요. 여동생은 초조해하고 다른
무엇보다 결혼을 우선순위로 두었지만 저는
뭐, 안 해도 괜찮다는 생각이 있었어요. 결혼이
뭔가 마침표를 찍는 느낌이라 피하고 싶은
마음이었나…. 아무튼 약간의 두려움이 있었고,
적극적으로 노력하지 않았으며, 가족의 압력이
없었고, 내가 처한 환경도 결혼을 우선시할
상황은 아니었다, 이렇게 요약할 수 있겠네요."

"환경과 기질의 복합적 작용"은 여러 양상으로 나타
난다. 연구기관에서 일하는 최혜원(52)은 자신이 "어릴

때 결혼 안 한 여자 선생님들이 괴팍해 보여서 저렇게
되지 말아야지, 난 빨리 결혼해야지 생각했던 사람"이었
다고 했다.

> "오래 사귀던 사람과 30대 중반에 결혼하려고
> 했는데 양가 부모가 만나는 과정에서 분란이
> 생겼어요. 양쪽 집안이 옥신각신하면서 우리가
> 손해니 아니니 하는 얘기가 오갔죠. 결혼하려면
> 타협해야 하는 부분들이 많다는 걸 알게 됐는데,
> 저는 그런 걸 감당하지 못하겠더라고요."

그러다 그가 계속 비혼으로 살게 된 건 동료집단의
영향이 컸다.

> "1990년대 후반 PC통신에서 만난 친구들과 쭉
> 같이 놀았어요. 우리 사이의 제일 큰 공감대는
> '이생망(이번 생은 망했다)'이었어요. 사실
> 허세죠. 다 적당한 형편에서 자랐고, 대학교를
> 다녔던 1990년대 초반 개방적이었던 사회
> 분위기의 수혜자들이니까요. 그러다가 IMF
> 외환위기 이후 자산 축적을 최고로 치는 사회가

됐잖아요. 그런 변화가 못마땅하지만 강력하게
저항하는 것도 아니고 '그냥 나는 하기 싫어'
같은 태도로 살던 친구들이었죠. 주제 파악은
잘되는데 개선하려는 의지는 없고, 인생을
사는 태도와 타인과의 관계에서 순응적이지
않은 사람들이라는 공통점이 있었어요. 이
친구들 중에 비혼이 많아요. 그렇게 친구들과
놀다가 2006년 대학원에 갔고, 비주류의 삶을
연구하는 전공이 적성에 잘 맞았어요. 그렇게
비혼이 된 거죠."

가부장제와 제도로서의 결혼에 대한 반감

비혼이 비장한 결단이 아니라 자신을 위한 선택일 뿐이
었다고 해도 이 선택은 진공상태에서 이루어지지 않는
다. 가부장적 성차별 구조가 존재하지 않고 결혼과 출산
을 위해 치러야 하는 기회비용이 없거나 적다면, 자신의
삶을 살기 위해 굳이 결혼을 배제할 이유가 없는 사람
도 많을 것이다.

적극적으로 비혼을 선택했다고 말한 에이징 솔로
들도 '혼삶'에 대한 선호 이상으로, 가부장제 사회에서

결혼제도가 여성에게 가하는 억압과 불평등을 받아들이고 싶지 않은 마음이 컸다고 이야기했다.

공무원인 김다임(46)은 대학교에 다닐 때부터 주변 친구들과 비혼 이야기를 많이 했던 경우다.

> "20대 때 선배, 친구들과 비혼 공동체를
> 만들려는 모임을 한 적도 있어요. 저는 가족 내
> 여성의 삶에 대해 분노가 많았어요. 어릴 때부터
> 남동생 챙겨라, 설거지해라 같은 말을 많이
> 들었는데, 어리건 그렇지 않건 여성이 돌봄을
> 책임지는 게 당연시되는 데 대한 거부감이
> 컸어요. 결혼하면 더 그럴 것이고 앞으로의 삶이
> 빤히 보이는데… 그게 싫었고 감당할 자신이
> 없었죠. 결혼이 개인 대 개인의 관계가 아니고
> 남편의 가족까지 돌보는 위치로 가는 건데, 그게
> 너무 부담스러웠어요."

일찌감치 비혼의 뜻을 굳힌 그는 30대 후반이 지날 무렵 결혼을 강요하는 부모와 한바탕 '전투'를 치러야 했다.

"그때는 결혼 문제로 조용한 날이 없었죠. 맨날 으르렁거렸어요. 한번은 아빠 생신 때 가족 식사 자리에서 엄마가 기도하다가 갑자기 '우리 딸 잘되게 해달라'라면서 막 우시더라고요. 며칠 뒤에 아빠가 라디오 방송에 보낸 가족 사연이 채택됐으니 들어보라고 하시대요. 궁금해서 들어봤더니 아빠가 저를 언급하면서 '얼마 전 네가 집에 와서 컴퓨터도 고쳐주고 고마웠다' 등의 말씀을 하시다가 갑자기 '네가 결혼만 한다면 뭐든지…'로 넘어가는 이야기가 나오는 거예요. 어찌나 기가 막히던지요. (웃음) 아무튼 그렇게 최고점을 찍은 뒤 마흔 넘으면서 부모님 성화가 줄긴 했지만, 아직도 훅 들어올 때가 있어요. '요즘 만혼 추세라던데 너도 할 수 있어' 이러면서."

정세연은 오랜 외국생활 동안 "한국 사회의 남녀차별과 가부장제에 더 분노"하게 되면서 비혼을 선택하게 되었다고 했다.

"아주 어렸을 땐 전통적인 결혼에 있어서

여성의 지위가 좀 이상하다는 정도로만
생각하고 별 관심이 없었어요. 미국에 가서야
한국에서 겪은 내 힘듦의 원인이 남녀차별
때문이라는 걸 똑똑히 알게 됐어요. 다른
사회에서 살아보면서 한국의 남녀차별과 여성의
낮은 지위가 당연한 게 아니라는 걸 절감하게
된 거죠. 물론 미국에도 차별이 있지만 약간
태도가 다르잖아요. 남자를 한없이 돌보는 게
여자의 역할이라는 식으로 말하진 않으니까요.
그러면서 결혼제도에 들어가지 않겠다는
결심을 굳히게 됐고 부모님께도 직선적으로
말씀드렸죠. 나중에 한국에 돌아왔을 때 또 결혼
이야기를 꺼내시길래 '내가 이 나이에 결혼하면
간병인 역할을 면치 못한다. 그런 거 싫고 내가
돈 벌어서 내가 쓰고 살겠다'라고 했고요."

강미라는 "비혼이 결혼보다 우월하다는 식으로 생
각하지는 않지만 결혼하고 싶다는 생각을 해본 적은 없
다"라고 말했다.

"연애는 많이 했는데 결혼하고 싶다는 생각이

든 적은 없어요. 결혼해서 같이 유학 가자는
남자와 사귀었을 때도 그 길을 선택하지
않았고요. 지금 생각해 보면 집안 사정 때문에
그랬던 것 같아요. 원가족이 경제적으로
어렵고 가족 중 장애를 가진 사람도 있어요.
저는 결혼이 자본과 집안 간 결합, 계약이라고
생각하는 편이에요. 주위 결혼한 사람들을
봐도 그렇지 않은가, 하는 의심도 있고요. 나
스스로는 팔릴 만한 학벌이나 직장을 가졌다고
해도 나의 원가족이 평가받을지도 모르는
자리에 가고 싶지 않았어요. 계약에서 꿀리고
들어가는 손해를 보고 싶지 않았던 거죠.
그래서 내 자유의지로 살아갈 수 있는 삶을
선택했어요."

결혼에 아예 관심이 없는 솔로들

결혼이 선택의 대상도, 분노의 대상도 아니었고 아예 관
심 자체가 없었다고 말하는 사람들도 있었는데, 특이하
게도 모두 1970년대에 태어난 사람들이었다.

송미영은 "나는 비혼을 선택한 게 아니라 결혼을

선택하지 않은 것"이라고 말했다.

    "다들 결혼하는 게 기본이고 결혼하지 않는 게
선택인 양 말하는데, 거꾸로 아닌가요? 뭔가를
하겠다고 하는 게 선택이죠. 저는 비혼을 선택한
게 아니라 어릴 때부터 결혼은 생각조차 해보지
않았고 그냥 그 상태로 쭉 사는 거예요. 결혼
적령기라고 하는 나이에 저는 회사를 그만두고
수능을 다시 봐서 약대에 갔어요. 그 경험도
아마 영향을 끼쳤겠지요. 동년배들이 결혼할
때 '나도 할 때가 됐나' 같은 생각은 하지
않았어요."

    그는 비혼으로 사는 자신의 삶을 일시적 상태라거
나 과도기라고 생각해 본 적이 없다고 했다.

    "친구들은 물건을 살 때 '결혼하면 새로 살 텐데',
'잠깐 쓰고 말 건데' 하면서 좋은 물건 사기를
망설이던데, 저는 안 사면 모를까 사면 좋은 거
샀어요. 30대 초반에 혼자 살기 시작하면서 큰
냉장고를 샀죠. 주변에선 '혼자 살면서 그렇게

큰 냉장고가 왜 필요하냐, 작은 거 사고 나중에
큰 걸 사라'라고 권유했는데 어차피 한번
사면 오래 쓰니까 큰 냉장고를 사서 지금까지
써요. 비혼이 임시적 삶이라고 생각하지
않았으니까요."

박진영은 비혼을 선택한 이유를 묻자 고개를 갸우
뚱하면서 "나는 비혼을 선택했다기보다 결혼하기 위해
노력해 본 적이 없는 사람"이라고 했다.

"제 친구들은 열이 모이면 열이 전부 달라요.
저처럼 결혼 안 한 사람, 결혼했는데 아이가
없는 사람, 이혼했는데 아이가 있는 사람,
아이를 입양한 사람, 나이 차이가 큰 연하
남성과 사는 사람, 동성 커플 등등. 그러다 보니
이렇게 서로 다른 삶이 자연스럽고, 각자 자기
멋대로 사는 거지 비혼이 뭔가 다르다는 생각이
들지 않아요."

프리랜서 행사기획자인 이주원(48)도 결혼하고 싶다
는 생각을 거의 해본 적이 없는 에이징 솔로다.

"30대 중반에 귀촌을 고민할 때 혼자 시골로
가기는 좀 무서워서 안전망이 필요하지 않나
하는 '도구적' 생각으로 결혼을 잠깐 떠올려
본 적이 있는데, 귀촌을 포기하면서 그
마음도 사라졌어요. 삶의 형태는 계속 바뀔 수
있다고 생각해요. 혼자 살다가 동거할 수도
있고, 친구하고 같이 살 수도 있고, 여러 명이
모여 공동체를 이룰 수도 있고. 삶은 그렇게
유동적인데 결혼한 사람과 아닌 사람, 이렇게
나눠 바라보는 건 제 눈엔 이상해 보여요.
그렇게 나누니까 여전히 비혼을 뭔가 좀 완성이
덜 됐다고 보는 것 같고요."

세대에 따라 달라지는 비혼의 지형

에이징 솔로와 이야기를 나누다 보니 꽤 많은 이가 해외
여행이나 어학연수, 유학 등 혼자서 해외에 체류해 본
경험을 가진 게 눈에 띄었다.

비혼 연구자인 서울대학교 비교문화연구소 학술교
수 지은숙 박사에게 물으니 "일본과 한국의 비혼자들을
연구하다 보면 외국에서 살아본 경험이 있는 사람들이

많다. 한국의 경우 1989년 해외여행 자유화가 끼친 영향도 클 것"이라고 말했다.

"전全 지구화가 여성의 삶에 끼친 변화를 말할
때 흔히들 돌봄 이주 노동자들만 영향을 받은
것처럼 이야기하는데 그렇지 않아요. 이동하는
사람들을 보면서 '여기'에 있는 남성은 기득권이
침탈당한다고 느끼지만, 여성은 자신에게
새로운 기회가 생기는 거라고 상상해요. 어떤
공간을 인식하고 상상하는 심상지리心象地理가
지금 사는 공간으로 한정되지 않는다는 거예요.
내가 어디에 있는 누구인지 생각할 때, 세계지도
위의 자신을 상상할 수 있게 된 거죠. 삶이 열려
있다고 생각하면 지금 있는 곳에서 자원을
축적하고 정착하지 않아도 다른 데 가서 살 수
있다, 어차피 가난할 거라면 저기 가서 가난하게
사는 게 낫지 않나, 이렇게 바라볼 수도 있게
되고, 그게 사람들에게 큰 심리적 여유를 줘요.
주류의 삶에서 벗어나도 삶이 끝나는 게 아니고,
여기가 아닌 다른 곳에서 비주류로 살아가는
것이 두렵기도 하지만 한편으론 새로운

가능성을 갖게 될 수도 있다고 상상하는 거죠.
그리고 그런 사례도 꽤 있어요."

『비혼 1세대의 탄생』의 저자 홍재희도 책에서 자신을 포함한 비혼 1세대가 "1970년 이후 태어나 1990년대에 대학 교육을 받으며 20대를 보낸 X세대 여성들로, 학력 인플레이션, 해외여행, 어학연수 등의 세례를 받았고, 개인주의의 도래를 온몸으로 받아들인 자유주의 1세대"라고 썼다. IMF 외환위기의 직격탄으로 경제적 불안이 결혼의 안정성마저 송두리째 빼앗아 가는 상황과 맞물리면서 "여성의 인생에 당연시됐던 결혼의 필요성에 의문을 품고 제도 바깥을 상상하는" 여성들이 대거 등장하게 된 것이다.

반면 요즘 20~30대 여성이 비혼을 바라보는 시각은 이러한 세대와 확연히 다른 듯하다. 얼마 전 한 친구가 내게 "대학생인 딸이 비혼주의자라고 선언했는데, 우리 어릴 때 '난 결혼 안 하고 자유롭게 살 거야'라고 했던 분위기와 다르더라"라고 말했다.

"딸한테 왜 비혼이냐고 물어보니까 한숨을 푹 쉬며 '엄마니까 넘어가는데 그런 질문은 하면

안 되는 거'라 하더라고. 머쓱했지. 나중에 다시
이야기할 기회가 있었는데 미투 사건들이나
디지털 성범죄, 여성 혐오 현상과 정치권의
성별 갈라치기 등의 영향이 크대. 딸이 다니는
학과에선 남녀가 서로 거의 말도 안 한대."

　세대 간 차이는 비혼 담론의 변화에서도 또렷하게
드러난다. 지은숙 박사가 한국 비혼 담론의 흐름을 분석
한 연구[6]에 따르면 비혼 1세대는 "1970년대 이후 출생
하여 민주화운동 속에서 비판적 사회의식을 길러왔고,
가부장제와 소유 중심의 사회로부터 거리를 두고 공동
체적 지향으로 살면서 주로 생활정치와 복지정치의 영
역에서 자신의 경험을 바탕으로 새로운 의제를 형성"해
온 사람들이다.

　2015년 이후에는 "미투운동, 강남역 여성 살해 사
건 등을 거치면서 20~30대 여성을 중심으로 온라인에
서 새로운 페미니즘의 흐름이 등장"했고 그 속에서 "비
혼을 남성과 가부장제를 타격하는 정치적 행동의 수단
으로 간주하는 시각"이 탄생했다. 비혼 2세대가 주도하
는 이러한 흐름이 등장하면서 비혼의 대중화 시대를 맞
게 되었다는 것이다.

이 책에서 다룬 에이징 솔로 세대와 사뭇 결이 다른 20~30대 비혼 여성이 더 나이 들었을 때 한국 사회가 어떻게 달라질지는 내 좁은 시야로 가늠하기 어렵다. 다만 분명한 것은 결혼제도를 선택하지 않고 혼자 살아가는 사람이 증가하는 흐름을 되돌릴 수는 없다는 것이다.

비혼을 정치적 견해 표현으로 여기는 사람이든, 자신에게 알맞은 삶의 방법을 고르다 보니 어쩌다 비혼이 되었다고 말하는 사람이든, 그 선택의 바탕에는 제도를 통해 다른 사람의 삶에 묶여 있지 않을 때 자신이 더 행복해질 수 있다고 생각하는 공통된 가치관이 있다. 도시에서 혼자 살기가 더 수월해지고 다양한 연결망을 통해 사람들의 관계 맺는 방법이 발달할수록 경직된 결혼제도 대신 자신만을 위한 삶을 선택하는 사람도 늘게 될 것이다.

결혼하지 않고 혼자 사는 사람이 증가하는 것은 전 세계적 현상이다. 미국과 유럽뿐 아니라 아시아, 남아메리카, 중동, 아프리카에서도 혼자 사는 인구가 늘어나는 추세다.

독신을 연구하는 이스라엘의 사회학자 엘리야킴 키슬레브Elyakim Kaslev는 『혼자 살아도 괜찮아』에서 "오늘날 독신은 많은 나라에서 가장 빠르게 등장하는 인구 형태"라면서 "2030년 무렵이면 전 세계 독신 비율이 20%까지 도달할 것"이라는 예측 결과를 소개했다. 결혼 문화가 변화하는 데 영향을 끼친 여성 인권 향상, 기대 수명 증가, 고등교육 확대, 도시화 등의 사회 변화가 후퇴할 리 없기 때문이다.

책 『고잉 솔로』를 쓴 미국의 사회학자 에릭 클라이넨버그Eric Klinenberg는 "인류가 집단생활을 해온 지는 20만 년에 달하는 데 반해, 수많은 사람이 혼자 살기에 도전한 기간은 아직 50년에서 60년밖에 되지 않는다"라면서 혼자 사는 사람이 급증한 사회에서 살아간다는 것이 무엇을 의미하는지를 이해하는 작업이 중요하다고 짚었다.

거의 모든 사회집단과 개인의 삶에 영향을 끼치는 혼자 살기의 증가가 우리 사회에서는 제대로 이해되고 있을까. 되레 가족을 규정하는 딱딱한 틀, 혼자 살기에 대한 낡은 고정관념이 눈을 가려 현실을 직시하지 못한 채 '문제'라고만 바라보고 있는 것은 아닐까.

3. 아이를 낳지 않은 여성은 이기적이다?

비혼·비출산 여성에게는 아이를 낳지 않은 데 대한 비난의 꼬리표가 거의 평생 따라다닌다는 걸 절감한 에피소드가 있다.

2019년 가을, 조성욱 전 공정거래위원장 인사청문회 때의 일이다. 한 국회의원이 질문 도중 갑자기 "아직 결혼 안 하셨죠?"라고 묻더니 "본인 출세도 좋지만, 국가 발전에도 기여해 달라"라고 말했다. 조 전 위원장은 당시 55세 비혼 여성이었다.

그 의원은 무례한 질문을 멈추지 않고 한술 더 떠 "출산율이 우리나라를 말아먹는다. 후보자처럼 훌륭한 분이 그걸 갖췄으면(출산했다면) 100점짜리 후보자라 생각한다"라고 말했다.

후보자가 조직을 이끌기에 적절한 능력과 도덕성을 갖췄는지 검증하는 자리인 공직 인사청문회장에서 듣게 될 거라고 상상도 못 한 발언이었다. 질문자가 여성을 아이 낳는 기계쯤으로 인식하고 있음을 드러낸 망언이라는 비난이 쏟아졌다.

비혼·비출산인 후보자가 중년 남성이었다면 이런

질문을 받지 않았을 것이다. 비혼·비출산 여성은 소위 말하는 '결혼과 출산 적령기'를 지난 50대 중반이 되어서도 공식 석상에서까지 아이를 낳지 않은 것에 대한 비난과 훈계를 듣는다. 여성의 자궁이 마치 공공재이고 개인의 생식활동이 공적 의무라도 되는 것처럼 말이다.

1인 가구의 수가 역대 최대로 늘어났지만 아이를 낳지 않고 혼자 사는 여성들은 여전히 '제 할 일을 하지 않았다'라는 비난에 시달린다. 여성이라는 존재를 아이, 가족과 한 묶음으로 바라보는 밧줄 같은 시선은 내가 할머니가 되어도 올가미처럼 따라다닐 것만 같다. 청년 기와 중년기에 다짜고짜 "자녀가 몇 살이냐?", "왜 아이를 낳지 않았느냐?"라는 질문을 숱하게 들어왔는데, 노년기에는 자연스러운 순서라도 되는 것처럼 "손주는 몇 살이냐?"라는 질문을 받게 되려나.

비혼 여성이 출산하지 않은 이유는 각자의 사정마다 다르다. 아이를 낳고 안 낳고는 순전히 개인적 사정이므로 "왜 아이를 낳지 않았느냐?"라는 질문은 대답할 가치가 없다.

작가 리베카 솔닛Rebecca Solnit이 『여자들은 자꾸 같은 질문을 받는다』에서 말한 것처럼 이 질문은 "세상에는 하나의 여자만 있다는 생각에서, 그 여자는 종 전체를 위한 엘리베이터처럼 반드시 결혼하고, 번식하고, 남자를 받아들이고, 아기를 내보내야 한다는 생각에서" 나온다. 이러한 질문은 "질문자 입장에서는 정답이 하나뿐인" 닫힌 질문이고, "사실 질문이라기보다 단언"이다. "스스로를 개인으로 여기고 자신의 앞길은 자신이 개척한다고 생각하는 우리더러 너희가 틀렸다고 단언하는 말"이다.

이 해로운 단언의 흔한 변주는 "자식을 낳아봐야 진정한 어른이 된다"라는 말이 아닐까 싶다. 자식을 여럿 두고도 어른이 되기는커녕 성숙한 면모를 전혀 찾아볼 수 없는 생생한 사례가 현실에 넘치도록 많아서, 나는 이 말을 귓등으로도 듣지 않는다. 자식을 낳아봐야 어른이 되는 것이 아니라 부모에게서 독립해 자신의 삶을 스스로 책임지고 다른 사람을 존중하면서 관계 맺을 줄 알게 될 때 어른이 되는 것이다.

인생의 가장 깊은 경험이라고요?

그럼에도 불구하고 더 교묘한 변주 하나는 꽤 오래 마음에 박혔다. 40대 초반 무렵, 가까이 지냈던 한 선배가 내가 아이를 낳지 않은 일을 두고 이렇게 말했다.

"사람이 평생 해볼 수 있는 일 중 가장 깊고 가치 있는 경험을 네가 해보지 못했다는 게 마음이 아프다."

선배와 연락이 끊긴 뒤에도 가끔 이 말이 생각났다. 사람이 살아가는 여러 방식의 삶을 얕게 이해한 데서 비롯된 말이라는 반발심이 일면서도, 한편으로는 결핍에 대한 씁쓸한 자각과 스스로의 삶에 대한 의심이 뒤섞여 종종 마음이 복잡해졌다. 정말 내가 잘못 사는 건 아닐까. 삶의 중요한 경험을 놓치고 인생이 뭔지도 모른 채 죽게 되는 건 아닐까. 이런 불안이 마음속을 휘저었다.

에이징 솔로와 대화하던 도중 내가 이 이야기를 꺼냈더니 보험설계사로 일하는 고은희(61)는 자기도 종종 그런 생각을 한다고 말을 받았다.

> "애를 낳고 키워보는 경험을 안 해봐서 편하게
> 산 만큼, 인생이 진짜 뭔지를 잘 모르는 게
> 아닌가 하는 불안함이 좀 있어요. 나 자신을
> 나 아닌 무언가에 확 담그고 인생의 쓴맛도
> 느껴봐야 성찰을 통해 뭔가 깨닫고 그럴 거
> 같은데, 나는 내 위주로만 살아와서 그런 걸
> 모르고 죽겠구나, 하는 생각이 드는 거죠."

비슷한 감정을 김지현은 "게임으로 치면 스테이지1
에서 '만렙'만 계속 채우고 있는 듯한 느낌"이라고 표현
했다.

> "스테이지2로 넘어가지 못하고 스테이지1에서
> 끝없이 점수를 채우고 있는 사람이 된
> 느낌이랄까요. 결혼, 출산 이런 게 인생의 마디
> 같거든요. 게임의 레벨이든 인생의 마디든 뭔가
> 하나를 끝낸 뒤 다음으로 넘어가는 과정을
> 거쳐야 할 텐데, 아이를 낳고 키워보질 않아서
> 내가 나이를 먹으며 성숙해지고는 있는 걸까
> 하는 질문을 나 자신에게 할 때가 있어요."

오희진은 임신 문제를 고민하다 포기했던 40대 초
반에 처음으로 "아이를 갖지 못한 게 내 인생의 가장 큰
결핍이 되겠구나"라고 생각했다고 한다.

> "한 생명을 책임지기 위해 지금까지의 삶의
> 방식을 포기하고 몇 년간이라도 아이를 위해서
> 헌신할 수 있느냐고 물었을 때 그 정도는
> 아니라고 생각해서 포기했죠. 그런데 요즘

친구들은 참 다르구나 싶었던 게 난자를 냉동
보관 하더라고요. 20대 후반, 30대 초반인
친구들인데 결혼을 하지 않아도 언젠가 아이를
갖고 싶어질 수 있으니까 그렇게 하는 거죠.
예전과 많이 달라졌고 선택지가 늘었구나, 하는
생각이 들었어요."

반면 강미라는 아이를 낳고 키워봐야 인생의 가장
깊은 가치를 알게 된다는 생각이 "웃기는 소리"라고 잘
라 말했다.

"자식을 여럿 둔 중년과 노년 중 미욱하고
한심한 사람이 얼마나 많은데 그런 고리타분한
말이 어딨어요. 누굴 키우고 돌보고 다른 존재를
위해 희생해 봐야만 인생의 깊고 중요한 가치를
알게 되는 거라면, 난 이미 하고 있어요. 늙고
아픈 가족들을 봉양하고 있고, 고양이들도
키우잖아요. 그리고 사람이 인생의 깊은 맛을
꼭 알아야 해요? 세상의 관점에서 내가 철없어
보인다 한들 그러면 뭐 어때요? 잡혀가지 않을
정도로만 상식을 지키고 살면 되는 거죠."

남지원도 '가장 깊은 경험'을 운운하는 것에 대해 "각자의 인생이 있는 건데 비교해서 무엇이 가장 깊고 가치 있다고 말할 수 있느냐?"라고 반문했다.

> "어려운 일을 맞은 친구가 있어 친구들과 함께 여행을 간 적이 있어요. 저 말고는 다들 결혼해 자녀를 두고 있고요. 밤새 울다가 부둥켜안다가 하면서 살아온 이야기를 나누는데, 한 친구가 저한테 '너는 좋겠다, 8분의 1을 살아서'라고 하더라고요. 양가 부모, 남편, 아이 둘을 건사하는 자신에 비해 내 인생은 8분의 1이라는 거죠. 그렇게 많은 이를 챙기면서 인생의 여러 고비를 넘어가며 사는 건 어려운 일이고 존경받을 만하다고 생각해요. 반면 8분의 1을 100으로 사는 제 인생도 나름의 가치가 있죠. 비교해서 우열을 따질 일은 아니고요."

아이를 낳지 않은 것에 결핍을 느끼는 쪽에도, 그렇지 않은 쪽에도 각자의 이유와 사정이 있다. 나는 마음에 묘한 파동을 불러일으켰던 "가장 깊고 가치 있는 경험"의 부재에 대한 선배의 애도를 꽤 시간이 지난 뒤 털어버릴 수 있게 되었는데, 더 살아보면서 삶의 가치, 깊은 경험이 하나만이 아니라는 사실을 절감했기 때문이다.

세상에 좋은 이야기가 단 하나만 있는 게 아닌 것처럼 하나뿐인 '가장 깊고 가치 있는 경험'은 존재하지 않는다. 가장 가치 있는 하나의 경험이 있다고 믿는 사람도 그 경험을 모든 사람이 같은 정도의 깊이로 겪지 않는다는 사실을 알 것이다. 가수 이소라가 "추억은 다르게 적힌다"라고 노래했듯, 같은 경험을 하더라도 거기서 느끼고 기억하며 깨닫는 바는 사람마다 '다르게 적히'니까 말이다.

게다가 비혼모를 '인생의 가장 깊은 가치'를 마침내 알게 된 온전한 성인으로 대우하기는커녕 비난하고 멸시하는 한국 사회를 생각하면, 성숙의 정도와 인생의 가치를 출산과 연결해 바라보는 시각은 위선적인 정상가족 이데올로기의 산물에 지나지 않는다.

나는 짧지 않은 결혼생활 동안 나와 전 배우자의 복잡한 사정이 얽혀 아이를 갖지 않았다. 인생의 우연과 인연이 다른 방식으로 작용했더라면 아이를 낳았을지도 모르고, 그랬다면 지금 내 삶이 그렇듯 그것은 또 그것대로 괜찮은 삶이었을 거라고 생각한다.

가지 않은 길에 대한 상념이 없는 사람이 있을까.

나는 여동생의 딸이 "엄마를 매일매일 사랑해"라고 고백하고 절대적으로 신뢰하는 걸 볼 때 가끔 부럽다. 반면 여동생은, 묶인 가족이 없어 떠나고 싶을 때 떠나고 하고 싶은 건 다 해보는 나의 자유를 가끔 동경한다. 누구나 무엇인가 채워져 있으면 무엇인가는 부족하기 마련이다. 내 삶의 한계를 인정해야 비로소 내 삶에서만 누릴 수 있는 것에 만족할 수 있게 된다.

저출생 사회의 비혼 여성들

가끔은 아이를 낳지 않은 여성에게 사회가 비난을 넘어 화를 낸다는 느낌을 받을 때가 있다. 한국 사회의 기록적인 저출생 현상이 그런 분노를 불러일으키는 것인가 생각했는데, 그렇지 않았다.

영국 런던 정치경제대학교LSE의 행동경제학자인 폴 돌란Paul Dolan은 2019년 종단연구를 통해 비혼·비출산 여성이 기혼 여성보다 더 행복하다는 연구 결과를 발표했다. 2년 후인 2021년, 그는 《가디언》과의 인터뷰에서 사람들의 반응을 보고 깜짝 놀랐다고 말했다.

연구 발표 후 비혼 여성들로부터 고맙다는

이메일을 많이 받았다. 비혼 여성이 행복하다는 말을 비로소 사람들이 믿기 시작했기 때문이다. 그런데 더 흥미로운 것은 연구 결과를 믿지 않는 사람들의 반응이었다. 그들은 '결혼과 출산을 선택하지 않는 건 상당히 모욕적인 일이다. (결혼과 출산을) 시도해서 못 하는 것은 괜찮다. 적어도 시도는 해봐야 한다'라고 생각했다. 이렇게 상반된 내러티브가 경합하는 상황에서는 다수가 옳다고 믿는 것과 다른 경험(아이를 낳지 않는 경험)을 하는 비혼 여성들의 내면적 갈등이 클 수밖에 없다.[7]

어떤 사람들이 아이를 낳지 않은 여성에게 화를 내고 이기적이라고 비난하는 이유는 자기가 옳다고 믿는 세계관이 침해받는다고 느껴서 그런 게 아닐까. 사람의 삶과 이 세상이 마땅히 이래야 한다는 믿음을 가진 사람들 중에는, 다른 사람이 그 믿음을 따르지 않고 거부했을 때 마치 자신이 모욕을 당하기라도 한 것처럼 분개하는 이들이 있다. 게다가 아이를 낳지 않은 여성이 비참하고 외롭기는커녕 행복하다고 주장하기까지 하다니, 장관급 고위 공무원 후보자로 인사청문회에까지 올

라오다니, 더는 참을 수 없다고 생각하는 것일 테다. 그러면서 결혼하지 않고 아이 낳기를 선택하는 여성을 '미혼모'라고 손가락질하는 사회 분위기는 여전하면서 말이다.

한국의 합계출산율(여성이 평생 낳는 자녀의 평균 수)은 2022년 기준 0.78명으로 세계에서 가장 낮다. 이런 상황에 이르게 된 사회의 문제를 함께 찾고 해결해 나가야 하건만, 이를 두고 비혼·비출산 여성을 비난하는 목소리를 종종 듣는다. 2021년 대통령 선거 과정에서 한 후보는 저출생 원인에 대해 "페미니즘이 정치적으로 악용돼서 남녀 간 건전한 교제도 막는다더라"[8] 같은 발언으로 물의를 빚기도 했다.

아이를 낳으려면 남녀가 필요한데 왜 여성만 비난하는가 하는 문제는 차치하고라도, 저출생의 주요 원인을 결혼하지 않고 아이를 낳지 않은 채 혼자 사는 여성의 증가에서 찾는 것은 진단이 잘못되었다. 예컨대 프랑스는 1인 가구 비율이 37.8%, 스웨덴은 45.4%(2020년 기준)로 한국보다 훨씬 높다.[9] 그러나 같은 기간 합계출산율도 프랑스의 경우 1.8명, 스웨덴은 1.66명[10]으로 한국보다 훨씬 높다. 혼자 사는 사람이 늘어나기 때문에 저출생 현상이 가속화된다고 말할 수 없는 것이다.

한국의 기록적인 저출생 현상의 구조적 원인은 아이를 낳지 않는 여성들의 이기심과 페미니즘이 아니라, 뿌리 깊은 성차별과 가부장 문화에 있다.

2022년 4월 「출산율 경제학의 새로운 시대」라는 보고서를 발표한 전미경제연구소NBER는 "여성이 일과 양육을 병행할 수 있는 사회적 분위기를 조성하는 것"이 출산율을 높이는 핵심이라고 분석했다.[11]

전미경제연구소는 출산율이 높은 선진국의 특징으로 남성의 적극적인 가사·육아 노동 참여, 워킹맘에 우호적인 사회 분위기, 정부의 적극적 가족정책, 육아를 마친 남녀의 취업 문턱이 낮은 유연한 노동시장 등을 꼽았다.

특히 남성의 적극적 가사·육아 노동 참여가 관건이다. 이 보고서에 따르면 미국은 정부 차원의 유급 출산휴가도 없는 나라지만, 2020년 미국의 합계출산율(1.64명)은 OECD 평균(1.59명)보다 높았다. 미국 남성의 높은 가사·육아 노동 참여율 덕분이다.

2022년 6월에는 남편의 가사·육아 노동 분담 비율과 합계출산율 사이에 높은 상관관계가 있다는 연구 결과[12]도 발표되었다. 이 연구에서는 합계출산율이 1.5명 미만인 모든 국가에서 남성의 가사·육아 노동시간은 집안에 필요한 전체 가사·육아 노동시간의 3분의 1에도 미치지 못하는 것으로 나타났다.

한국은 어떨까. 통계청이 5년 단위로 실시하는 「생활시간조사」에 따르면 2019년 기준 맞벌이 가구 남성의 하루 평균 가사 노동시간은 54분, 여성은 3시간 7분으로 여성이 3.5배 더 많은 시간을 가사 노동에 썼다. 남성 외벌이 가구에서 이 격차는 6.4배로 벌어진다. 흥미로운 유형은 여성 외벌이 가구다. 여성이 혼자 버는데도 남성의 가사 노동시간은 1시간 59분, 여성은 2시간 36분으로 여전히 여성이 1.3배 더 많은 시간을 집안일에 썼다. 경제활동을 누가 하든 관계없이 여성이 집안일을 전담하다시피 하는 상황은 여전하다. 한국 여성의 대학 졸업 비율은 76%로 OECD 최고 수준임에도 "세계에서 가장 교육을 많이 받은 여성이 가사 노동과 육아를 전적으로 책임지고 '여성이라면 힘든 삶을 다 받아들여야 한다'라고 강요하는"[13] 성차별 구조는 변하지 않았다. 한국이 매년 합계출산율 최저 신기록을 경신하는 것도 이러한 구조 때문이다.

정작 비혼 여성이 아이를 낳겠다고 하면 사회가 이를 제도적으로 가로막는 황당한 상황이 벌어진다. 2022년 11월 《한국일보》에는 비혼 인공수정 시술을 거부하는 대한산부인과학회와 싸우는 여성들의 인터뷰가 실렸다.[14] 30대 비혼 여성인 이들은 몇 년간 각자 여러 차례 병원을 찾아가 인공수정 시술을 받으려 했으나 실패했다. 이들이 만난 모든 의사가 결혼하지 않은 사람에게 인공수정 시술을 하는 것은 불법이라고 알고 있었기 때문이다. 국내에서 비혼 여성에 대한 인공수정 시술을 가로막는 것은 법이 아니라 대한산부인과학회의 지침에 불과하다. 변호사인 이 여성들은 비혼을 대상으로 한 인공수정 시술이 불법이 아니라는 설명 자료까지 만들어 의사들을 설득해 봤지만 허사였다고 한다.

2020년 방송인 사유리 씨의 비혼 출산 사례가 널리 알려지면서 비혼 출산권이 사회적 관심사로 떠올랐으나 그 이후 달라진 것은 없다. 국가인권위원회가 2022년 7월 비혼 여성도 인공수정 시술을 받을 수 있도록 지침을 개정하라고 대한산부인과학회에 권고했으나, 학회 측은 사회적 합의가 선행되어야 한다는 이유로 기존 입장을 고수하고 있다. 언제부터인가 '사회적 합의'라는 용어가 변화의 불편을 감수하지 않으려는 기득권의 핑곗거리가 되었다. 한국 사회는 저출생 현상을 한탄할 자격이 있기나 한 걸까.

사회 참여에 적극적인 비혼 여성들

비혼·비출산 여성은 자신의 아이만 없을 뿐이지, 사회에 무관심하고 자신만 아는 이기적인 존재가 아니다. 되레 사회 참여에 더 적극적인 경우가 많다.

사회봉사단체 등 자발적 결사체에 참여하는 정도를 비교해 보면 남성은 기혼자의 참여가 높고 비혼자는 그렇지 않지만, 여성은 거꾸로 비혼자의 사회 참여가 높고 기혼자의 참여는 낮다는 연구 결과[15]가 있다. 즉, 한국 사회에서 가족을 꾸리지 않은 남성은 주관적 삶의 질뿐 아니라 공동체와 결속하는 정도도 낮아진다. 그만큼 자신을 희생하고 뒷받침해 주는 여성의 존재가 남성에게 중요하고, 가족이라는 일차적 사회관계가 '관계 자원'으로서 남성에게 훨씬 더 중요하게 작용한다는 것을 보여 준다. 반면 여성에게 아내와 엄마 역할이라는 부담은 공동체 참여를 가로막는 장애로 작용하는 경우가 많다.[16]

비혼 여성이 공동체에 관심이 많고 더 많이 기여하는 경향은 미국에서도 다르지 않다. 2011년 미국현대가족위원회Council on Contemporary Families가 실시한 조사에 따르면 기혼 여성의 68%(기혼 남성의 경우 38%)가 부모에게 경제적 도움을 주고 있다고 답한 반면, 비혼 여성은 84%(비혼 남성의 경우 68%)가 그렇게 하고 있다고 답했다. 비혼 여성은 기혼보다 훨씬 더 형제자매, 조카들과의 교류가 잦았다. 기혼 여성은 주로 자녀와 관련됐을 때 자원봉사활동을 했지만, 비혼 여성은 5명 중 1명꼴로 다른 사람의 아이들을 가르치고 돌보거나 어려운 이웃에게 음식을 나눠주는 등의 자원봉사활동에 참여했다. 이웃을 방문하고 청원에 참여하거나 집회에 가는 빈도도 비혼 여성이 기혼보다 높았다.[17]

내가 만난 에이징 솔로들도 사회에 기여하는 나름의 방법을 찾아 실천하고 있었다. 이주원은 "내가 직접 아이를 낳고 키우는 일을 하지 않는 대신, 내가 할 수 있는 사회적 기여는 하고 싶은 마음에 국제구호단체를 통해 아동 결연을 맺었고, 저소득층 아동 일대일 멘토링 자원봉사도 한다"라면서 "다른 아이들이 좀 더 나은 세상에 살 수 있도록 내가 뭔가는 할 수 있다고 생각한다"라고 말했다.

정세연은 "아이를 낳든 낳지 않든 책임 있는 사회 구성원으로서 각자 이바지하는 부분이 있고 그렇게 사람들의 기여가 모여 사회가 구성되는데, 아이를 낳지 않았다고 내가 하는 역할이 모두 사라지는 건 아니지 않느냐"라고 말했다.

"어떤 사람은 아이를 많이 낳고 어떤 사람은
낳지 않지만 각자 다 사정이 있고 백이면
백 가지 이유가 있는데, 단순히 아이를 낳지
않았다고 해서 이기적이라거나 복지에
무임승차한다고 비난하는 건 말이 안 되죠. 저는
결과적으로 사회에 이바지하기를 바라면서
일하고, 공공보육과 공교육이 튼튼해지길
바라면서 세금을 내요. 무상급식이나
무상교육이 사회 구성원으로서 우리 모두가
우리 사회의 아이를 공동으로 양육하는
방식이라고 생각해요. 비출산을 선택한
여성을 이기적이라고 탓하는 것보다, 잘사는
집 아이들은 잘 교육받고 자산을 물려받는데
못사는 집 아이들은 교육 기회도 부족하고
바닥에서 벗어나지 못하는 구조를 탓하는 게
먼저 아닌가요?"

어떤 학자들은 전통적인 가족 단위가 가족 구성원에
게만 지지와 관심을 쏟는 데 집중한 나머지 가족 외부
세상과 멀어지는 현상을 일컬어 '탐욕스러운 결혼'이라
고 표현한다.[18]

오로지 자기 가족만을 위해 편법을 써서라도 자녀의 학벌과 취직자리를 만들고 부모가 앞장서 꽃길을 깔아주고 뒤를 봐주는 가족주의의 탐욕은 현실에서 우리도 종종 목격하는 바라 새삼스럽지도 않다. 그러한 가족주의야말로 아이를 낳지 않는 선택보다 훨씬 더 사회에 해를 끼치는 이기적 행태라 할 수 있을 것이다.

4. 에이징 솔로는 더 외롭다?

1인 가구가 가장 듣기 싫어하는 말은 무엇일까?

KB금융지주 경영연구소가 펴낸 「2020 한국 1인 가구 보고서」에 따르면 "외로워 보인다"라는 말이라고 한다. 연구진은 "가장 듣기 싫은 말은 가장 두려워하고 피하고 싶은 상태를 말한다고 해석할 수 있다"라는 점에서 "외로움은 1인 가구가 겪는 가장 큰 심리적 어려움"이라고 설명했다.

글쎄다. 고개를 갸우뚱했다. 1인 가구인 나 자신의 느낌과 에이징 솔로를 만나면서 이야기를 나눈 바와 달라서다. 아니나 다를까, 같은 조사에서 연령대별 응답을 보니 현재의 걱정거리로 '외로움'을 높게 꼽은 1인 가구는 30대 남성(1위), 20대 남성(2위), 40대 남성(2위), 50대 남성(3위), 30대 여성(3위)이었다. 거의 남성들이고, 젊을수록 외로워하는 경향이 있었다. 40~50대 에이징 솔로 여성들은 '외로움'을 4위로 꼽아, 비교적 그 순위가 낮았다.[19]

'혼자 살면 젊을 때나 좋지 나이 들어 외롭다'라는 말은 '혼자 살면 아플 때 서럽다'와 함께 '혼삶'의 입구에서 사람들을 위협하는 오래되고 불길한 2대 경고다. 이 경고를 뒤집으면 사람들은 외로울까 두렵고, 아플 때 돌봄 문제가 걱정되어서 가족을 꾸린다는 말도 될 것이다. 많은 이들이 그 두 문제를 가족 밖에서 해결할 수 있다고 생각하지 못한 채, 가족을 만들지 않았다는 이유만으로 '혼삶'에 외로움과 아픔을 덧칠한다.

나도 이 두 경고를 숱하게 들었고 종종 마음이 뒤숭숭해졌지만, 혼자 나이 들어보니 실제 삶은 그와 달랐다. 혼자 사는 것과 외로운 것은 동의어가 아니었고 앞의 조사에서 나타나듯 에이징 솔로 여성에게 외로움은 그다지 큰 고민거리가 아니다.

내가 만난 에이징 솔로 중에서도 외로움을 심각한 문제로 꼽은 사람은 없었다. 외로움을 느끼지 않아서가 아니다. "혼자 있을 때 가장 나 자신에 가까워지기 때문에 외로움을 반긴다"라는 사람에서부터 "외로움은 사람이면 누구나 감당해야 하는 존재의 기본 조건"이라고 받아들이거나 "외로움이 고립으로 변질되지 않도록 막아주는 관계망에 기댈 수 있어서 괜찮다"라는 응답까지 스펙트럼이 다양했다.

외로움은 대화를 나누고 상호작용 하는 사람의 수가 아니라 얼마나 통하느냐 하는 질의 문제와 관련되어 있다.

나의 경우 누구나 겪기 마련인 일시적 외로움을 넘어 뼛속까지 외로움이 사무쳤던 때는 혼자 살 때가 아니라, 대화와 감정의 교감이 막혀버린 사람과 함께 지낼 때였다. 배우자든 연인이든 가장 사랑했던 사람이 어느새 서로의 말을 가장 잘 알아듣지 못하는 사이가 된 채 잔해만 남은 관계에 묶여 있을 때였다.

예술 관련 기관에서 일하는 김가영(57)도 "내가 외롭다고 느낀 순간은 혼자 사는 지금보다 이혼 전이 훨씬 많았다"라고 말했다.

> "불행한 결혼생활을 하던 때에 친한 친구들은
> 다들 결혼해 아이를 키우느라고 만날 수가
> 없었어요. 고통을 누구와도 나누지 못하고 너무
> 외로웠죠. 그런데 지금은 혼자 있고 싶을 때와
> 관계를 맺고 싶을 때를 제가 알아서 결정할
> 수 있어요. 가끔 외롭더라도, 싫은 사람과
> 같이 있지 않아도 되는 게 제일 좋아요. 물론
> 외로움이 정말 문제인 사람들도 있겠지만
> 사람들이 고정관념에 전염되기도 하는 것
> 같아요. 막 너무 즐겁지는 않지만 그냥 혼자

있는 감정 상태에 사람들이 외로움이라고
딱지를 붙이니까, 이게 외로운 거구나 생각하는
경우도 많다고 봐요."

혼자를 즐기는 마음

외로움에 관해 이야기를 나누다 보면 사람에 따라, 처한
상황에 따라 외로움에 대한 정의와 느끼는 정도가 다르
다는 생각이 든다. 나는 김가영과 이야기하면서 주로 다
른 사람과의 '불통'의 경험을 외로움으로 떠올렸는데,
오희진과 이야기할 때는 '좋은 고독'이 떠올랐다.

"혼자 살면서 외로움을 느끼는 경우가 당연히
있죠. 추운 겨울 늦은 밤에 혼자 불 켜고 들어올
때 누군가가 나를 맞이해 주면 좋겠다거나, 가끔
시시껄렁한 이야기를 나눌 동거인이 있으면
좋겠다 같은 생각이 들 때요. 그렇지만 이런 건
견딜 만한 외로움이죠. 이 견딜 만한 외로움이
제게는 가장 큰 자산이자 소중한 벗이에요.
외로움 덕에 내 삶에 집중할 수 있었고, 더 읽고
쓸 수 있었고, 더 성장할 수 있었으니까요."

그의 말처럼 혼자 살기의 가장 좋은 점은 혼자서 장악할 수 있는 나만의 시간과 공간을 가질 수 있다는 점이다. 혼자 자거나 '멍 때리기'를 해도 좋고, 책을 읽거나 산책하거나 동식물을 키우는 등 각자의 방법으로 스스로를 달래고 북돋고 비우고 채우는 것이 가능하다.

만남과 회의 일정이 너무 빡빡해 숨 쉴 틈이 없다는 느낌이 들 때, 내가 은밀하게 써온 혼자가 되는 방법은 "선약이 있다"라고 양해를 구하고 모임에 불참하거나 약속을 조정하는 것이다. 선약은 나 자신과의 약속이다. 그렇게 해서라도 '사교'를 피해 혼자가 되는 시간을 하루 최소 2~3시간, 일주일에 최소 하루 이상 확보하지 못하면 일상을 견디기가 버겁다. 이게 내가 에너지를 충전하는 방법이다.

하지만 이것도 내가 맺은 사회적 유대가 헐겁지 않아서 가능한 일일 것이다. 작가 캐럴라인 냅Caroline Knapp이 『명랑한 은둔자』에 쓴 것처럼 "고독은 종종 다른 사람들과의 관계를 배경으로 두고 즐길 때 가장 흡족하고 가장 유익"하기 때문이다.

남지원은 연결되어 있으면서도 혼자인 것을 즐기는 마음을 이렇게 표현했다.

"나는 이 세계에 소속돼 있어요. 필요한 만큼.
그리고 분리돼 있어요. 소외감을 느끼지 않을
만큼."

외로움을 제대로 다루지 못하거나 자칫하면 우울
감이나 고립감으로 변질되기도 한다. 남지원은 누구에
게나 가끔 찾아오는 외로움을 다루는 자신의 요령을 들
려주었다.

"나름의 지표를 정해둬요. 요새 기분이 좀
가라앉는 것 같으면 그 지표로 일상을 점검해
보는 거죠. 예컨대 '내가 설거지를 며칠 동안
안 했네?' 이런 게 지표고 신호죠. 그런 신호를
감지하면 '아, 이런 감정이 내게 왔구나, 내가 좀
기운이 떨어졌나? 요즘 삶이 어땠지?' 이렇게
가볍게 돌아봐요. 중요한 건 그 감정을 붙들고
얘를 해결하겠다고 생각하지 않는 거예요.
저는 외로움과 같은 감정이 '혼자'여서 오는 게
아니라 살아 있으니까, 또 (다른 사람이 아니라)
나이기 때문에 오는 걸로 생각하고 꼭 해결해야
할 과제라고는 여기지 않는 편이거든요. 숙제가

아니니까 풀어야 한다고 생각하지도 않고요."

흔히 사람들이 외로울 거라고 단정하는 주 대상은 혼자 사는 노인이다. 혼자 사는 노인이 얼마나 외로운지를 조사할 때 연구자들은 흔히 혼자 사는 사람과 동거인이 있는 사람의 외로움 정도를 비교하는 방식을 택한다.

그러나 미국의 사회심리학자 벨라 드파울루Bella DePaulo는 이러한 조사 방식은 사람들의 특성이 다르다는 점을 고려하지 않고 단순 비교를 하는 문제가 있다고 지적했다. 예컨대 혼자 사는 노인은 동거인이 있는 노인보다 경제적으로 더 불안정하기 쉽다. 한 대규모연구에서 소속 등 사회적·경제적 요인을 통제한 뒤 조사했더니 혼자 사는 노인이 외로움을 덜 느끼는 것으로 나타났다고 한다.[20]

일본의 사회학자 우에노 지즈코上野千鶴子가 『집에서 혼자 죽기를 권하다』에 소개한 조사 결과를 봐도 혼자 사는 노인이 외롭다는 세간의 인식은 과장된 것이 아닐까 하는 생각이 든다.

이 책에 나오는 연구에 따르면 고령자를 자녀가 있는 사람, 없는 사람, 자녀가 가까이에 사는 사람, 멀리 사는 사람으로 나누어 만족도와 고민, 외로움, 불안을 조사한 결과 자녀가 없이 혼자 사는 노인의 만족도가 가장 높았고, 외로움과 불안을 느끼는 정도도 더 낮았다.

우에노 지즈코는 "외로움은 대부분 일시적 감정으로 일정 시기가 지나면 익숙해진다. 싱글이 된 지 얼마 안 된 사람은 외로움을 느끼지만, 처음부터 혼자라면 외로워하지 않는다"라면서 "가장 외로운 사람은 마음이 통하지 않는 가족과 함께 사는 고령자"라고 설명했다.

사회적 대처가 필요한 고립

나는 에이징 솔로에게 외로움이 큰 문제가 아니라는 이야기를 하고 있지만, 고립과 단절로 인한 소외를 겪는 외로운 사람의 존재를 부정하는 것은 아니다. 혼자 사는 사람이 빈곤한 상황에 부닥치고 고립됐을 때 겪는 어려움은 사회가 공통으로 해결해야 할 문제다.

고립으로 인한 외로움의 부정적 영향은 단지 심리적 측면에 국한되지 않는다. 2010년에는 외로움이 하루에 담배를 15개비 피우는 것만큼이나 몸에 해롭다는 연구 결과가 나와 충격을 안겼다.[21]

『고립의 시대』를 쓴 영국의 정치경제학자 노리나 허츠Noreena Hertz는 외로움을 애정이나 동반자, 친밀감을 상실한 느낌으로만 정의하지 않는다. 그는 외로움을 "우리가 친밀하게 느껴야 하는 사람들과 단절된 기분이면서 우리 자신과 단절된 느낌, 사회와 가족이라는 맥락에서 제대로 지지받지 못하는 느낌일 뿐만 아니라 정치적으로나 경제적으로 배제된 느낌"으로 정의했다.

그에 따르면 미국의 밀레니얼 세대 5명 중 1명 이상이 친구가 하나도 없고, 영국에서는 18세에서 34세까지의 연령층 5명 중 3명, 10세에서 15세까지의 아동·청소년 중 거의 절반이 자주 또는 이따금 외로움을 느낀다고 한다. 2003년부터 2005년 사이 거의 모든 OECD 국가에서 학교에서 외롭다고 응답한 15세 인구의 비율이 증가했다. 노리나 허츠는 우리의 공감적 의사소통 능력을 갉아먹는 스마트폰과 소셜미디어가 이와 같은 세태를 만들어 내는 데에 주요한 역할을 해왔다고 설명한다. 그는 사회적 단절감과 외롭고 버려진 느낌이 깊어져 세상에 자기 자리가 없다고 느끼는 사람들이 많아지면, 이를 토양으로 극우 포퓰리즘이 득세한다고 진단했다.

고립과 단절로 인한 외로움이 개인의 문제가 아니라 정부와 지역사회가 함께 책임지고 해결해 가야 하는 과제라는 인식도 차츰 확산하는 추세다.

영국은 2018년 1월 사회적 고독 문제의 해결을 전

담하는 '외로움 장관Minister of loneliness'직을 신설했다. 영국에서 세계 최초로 '외로움 장관'직이 신설된 데에는 2016년 테러로 숨진 노동당 조 콕스Jo Cox 의원의 영향이 컸다. 소외 계층의 사회적 고독 문제를 필생의 과제로 삼았던 그가 숨진 뒤, 영국 정부는 범정부적 차원에서 콕스위원회를 설립하고 13개 시민단체와 함께 영국 사회의 고독과 사회적 고립 문제를 조사했다. 2017년 말 생애주기에 따른 사회적 고독을 다룬 「조 콕스 고독 문제대책위 보고서」가 발표됐고, 이는 '외로움 장관'직 신설로 이어졌다.[22]

그런가 하면 일본도 2021년 2월 내각관방에 '고독·고립대책담당실'을 설치해 세계에서 두 번째로 고독 담당 장관직을 만든 나라가 되었다. 그해 6월에는 영국과 일본의 고독담당 장관이 온라인 회담을 갖고 "코로나19 팬데믹이 고독 문제를 심각화했다"라며 "가족과 친구, 이웃 등과의 '유대'가 고독을 극복하는 첫걸음이고 양국은 정책으로 이를 강하게 뒷받침할 것"이라고 합의하기도 했다.[23]

이들 정부의 노력이 사회적 고독의 퇴치에 어떤 영향을 끼쳤고 어떤 결실을 낳았는지 뚜렷한 성과가 확인된 바는 없다. 영국의 경우 장관직 신설 후 2년간 장관이 세 번 바뀌었으며, 겸직인 데다 예산도 미미해 눈에 띄는 성과는 없는 실정이다.[24] 그러나 사회적 고립과 고독이 정부의 정책 어젠다가 되었다는 점에서 의의를 찾을 수 있겠다.

사회적 고독과 고립, 소외를 해결하고 유대를 만들어 내는 방법을 찾는 것은 중요하고 필요한 일이다. 1인 가구의 증가가 사회에 어떤 변화를 만들어 내는지도 주목하고 대응해야 하는 일이다. 그러나 이 두 현상을 뒤섞어 1인 가구의 증가가 사회적 고립의 주원인인 양 호도하는 것은 진단이 잘못됐을뿐더러 데이터로도 입증되지 않는다.[25] 어떤 문제든 부정확한 진단과 과도하게 단순화된 서사가 문제 해결에 도움이 된 적은 없었다.

5. 혼자 아플 땐 이렇게

혼자 살면 아플 때 서러울 거라고들 한다. 그럴 수 있겠다고 생각하지만, 아직 강렬하게 느껴본 적은 없는 감정이다. 다행스럽게도 혼자 있을 때 '이러다 죽겠구나' 싶을 만큼 크게 아픈 경험이 없어서다. 급성요통과 급성장염으로 움직이기 힘든 적이 몇 번 있었는데 괴롭고 울적한 감정이 들지 않았던 건 아니지만 잠깐일 뿐, 그냥저냥 대처할 수 있었다. 두어 번 응급실에 가고 입원과 수술을 했을 때도 병원까지 혼자 갈 만했거나 여동생이 동행해 주었다.

지금까지는 젊어서 괜찮았을지도 모른다. 더 나이들어 혼자 있다가 아픈 상황을 상상하면 심란하고 불안해지는 게 사실이다. 그럴 가능성을 줄이려고 운동을 열심히 한 지 꽤 됐지만, 미래가 내 뜻대로 되는 건 아니니까.

1인 가구 관련 조사에서 1인 가구로 살기 힘든 점1위로 꼽히는 것은 거의 언제나, 아플 때 혼자 있는 것에 대한 두려움이다. 2022년 서울시의 「1인 가구 실태조사」에서도 1인 가구의 86%가량이 혼자 사는 것에 만족했지만, 곤란하거나 힘든 점으로는 "몸이 아프거나 위급

할 때 대처하기가 어렵다"(35.9%)를 가장 많이 꼽았다.[26]

　내가 만난 에이징 솔로들도 아플 때 혼자 있는 것에 대한 걱정이 적지 않았고, 각자 자기 상황에 맞는 대응책을 만들어 놓고 있었다.

　박인주는 30대 때까지 계속 혼자 살다가 그 이후 친구들과 같이 살기 시작했는데 그 이유가 급성장염 때문이었다고 한다. 이온 음료를 사러 갈 힘이 없는데 탈수가 심했던 때, 너무 힘들고 외로워서 누가 옆에 있으면 좋겠다는 바람이 절실했다. 그 뒤로 친구와 함께 살면서 생명의 은인이라고 느낄 만한 도움을 받기도 했다.

　　"어느 날 새벽, 잠에서 깨어 의식은 있는데 몸이
　　움직이지 않는 경험을 했어요. 아예 일어날
　　수가 없더라고요. 이게 마지막인가 싶었는데,
　　출근 시간에 제가 일어나지 않으니까 같이 살던
　　친구가 방문을 열고 들어왔어요. 문 여는 소리가
　　들리는 순간 이제 살았다 싶었죠. 그 순간에
　　같이 사는 친구가 없었더라면 무슨 일이 났을
　　거예요. 결혼이고 비혼이고를 떠나서 일상의
　　루틴을 같이하는 사람이 있어야 가족을 꾸리지
　　않고 혼자 사는 것에 대한 두려움도 덜할 거

같아요."

2013년부터 혼자 살기 시작한 정수경은 3년 전쯤 직장 문제로 심하게 스트레스를 받았다. 그 무렵 늦은 밤에 호흡이 불안정해진 적이 몇 번 있었다고 한다.

"이러다 심장 멎으면 어떡하지 싶었어요. 겁이 덜컥 났죠. 모임에서 알게 됐지만 친구라고 하기는 힘든, 아직 거리감이 꽤 있는 두 살 아래 비혼 여성에게 연락해서 하루만 재워달라 부탁했어요. 가까운 사이가 아닌데 재워주더라고요. 처지가 같으니까 고통을 나누자는 생각이 있었나 봐요."

그는 가까운 비혼 여성들과 투자 관련 정보를 나누는 메신저 단체 대화방에서 누군가 1명이라도 문자를 읽지 않은 표시가 24시간 넘게 남아 있으면 전화로 확인하고, 통화가 되지 않으면 실종 신고를 하자고 얘기한 적이 있다고 한다. 아직까지 24시간이 지나도록 읽지 않은 표시가 남아 있던 적은 한 번도 없지만 그렇게라도 해두니 조금 안심이 된다고 했다.

"혼자 사는 게 편해도 아플 때 잘못될까
봐 불안한 마음은 늘 있어요. 혼자 자다가
공황장애가 오면 어떻게 하나 싶고, 화장실에서
발을 잘못 디뎌 뇌진탕이 왔는데 전화로 119를
부르지 못해 죽을 수도 있는 거잖아요."

보호자는 왜 늘 가족이어야 하나

119를 불러 어찌어찌 병원에 가도 이번에는 보호자 문
제가 솔로들을 괴롭힌다. 몇 년 전 새벽녘에 갑자기 아
파 119를 불러 혼자 응급실에 간 김가영은 병원에서 보
호자 동의가 필요하다고 하자 새벽에 SNS로 이러한 상
황을 알렸다. 아침에 이를 본 여동생이 와서 보호자 서
명을 했고, 그 뒤로 친구들이 줄줄이 달려왔다.

"환자 본인인 내가 의료적 처치에 동의하고
입원비도 떼어먹지 않고 낼 수 있다고 아무리
말해도 병원에서 굳이 보호자 동의를 받아야
한다잖아요. 화도 나고, 그냥 아무나 보고
와달라 하는 심정으로 SNS에 올렸죠, 뭐.
누구를 딱 찍어서 연락하기엔 민망하고 폐

끼치는 것 같아서요."

　내가 만난 에이징 솔로들이 혼자 아플 때의 문제를
이야기하면서 가장 분개한 대목은 거의 언제나 가족인
보호자를 요구하는 병원의 관행이었다. 경제적 독립을
했고 스스로 상황 판단이 가능한데도 이러한 병원의 관
행 때문에 자신이 무력한 사람처럼 느껴지거나 혼자 살
아서 보호자가 없다는 괜한 상실감까지 느낄 때가 많다.
　박인주는 같이 사는 친구가 병원에 입원할 때마다
같이 가서 의료적 처치에 대한 설명을 듣고 보호자 역
할을 했는데도, 병원 측의 요구로 친구의 어머니가 보호
자 서명을 하러 와야 했다고 한다.

　　　"병원에서 반드시 가족이 서명해야 한다고
　　　하니까요. 그럼 나는 원가족이 다 부산에 사는데
　　　내가 아프면 부산에서 누가 올라와야 하나,
　　　하는 생각이 들었어요. 누가 올 형편이 안 되니
　　　난 아프면 안 되겠구나, 운동하고 관리해야
　　　하겠구나 싶었죠."

　고은희도 원가족과 관계가 끊긴 비혼 친구의 보호

자로 병원에 갔다가 실랑이를 한 경험이 있다고 했다.

> "안 본 지 오래된 원가족을 부를 수도 없고
> 어쩔 수 없으니까 그제야 병원이 저를 형식적
> 보호자로 인정해 주더라고요. 그런데 저도
> 골절로 입원했을 때 원가족 말고 직장 동료에게
> 알렸어요. 급할 땐 혈연가족보다 지금 내 주변에
> 있는 사람, 내가 의지하는 사람이 더 중요한데,
> 가족만 보호자로 인정하는 건 불합리하다고
> 생각해요."

병원이 보호자로 법적 가족을 당연하다는 듯이 요구해서 법적 근거가 있는 것 같지만 그렇지 않다. 의료법에는 병원에서 관행적으로 사용하는 수술 동의서나 입원 동의서에 관한 세부 규정이 없다. 응급 상황에도 항상 법정대리인이나 보호자가 필요한 것은 아니다.

입원할 때 연대보증인을 요구하는 병원의 관행도 법적 효력이 없다. 보건복지부는 2018년 국민권익위원회의 제도 개선 권고에 따라 연대보증인을 세우는 관행을 시정하라는 명령을 내렸다. 일부 대형병원에서는 이 관행이 사라졌지만, 아직도 연대보증인을 요구하는 민간병원들이 많다.

수술할 때 보호자의 동의서를 받는 관행에 대해서도 보건복지부는 이미 2007년 대한병원협회에 공문을 보내 보호자의 수술 동의서가 없다고 환자의 수술을 지연시키거나 거부하면 의료법의 진료 거부 행위에 해당해 처벌이나 행정처분을 받을 수 있다고 경고했다.

그런데도 직계가족인 보호자를 찾고 동의서를 요구하는 관행은 여전하다. 의료사고가 나거나 수술비를 청구할 때 분쟁이 날 것에 대한 병원 측의 우려 때문이다. 사회건강연구소는 2019년 펴낸 연구 보고서 「의료현장에서의 보호자 개념은 다양한 가족을 포함하고 있는가?」에서 "병원의 과도한 '보호자 찾기'는 '리스크 관리 차원'에서 진행되는 것"이며 "'환자 중심'의 사고가 아니라 '의료현장의 편의성' 중심 사고"라고 짚었다.

이 관행 때문에 1인 가구, 동성 커플 등 소위 '정상 가족'의 틀을 벗어난 사람은 실제 일상을 함께하는 이가 실질적 보호자가 될 수 없는 고통을 겪는다. 이 보고서는 "이는 단순히 의료 서비스를 받지 못하는 것을 넘어서 자신의 존재 조건이 사회에서 체계적으로 무시되고 인정받지 못하는" 현실을 뜻하기도 한다고 지적했다.[27]

돌봄 품앗이의 선순환

낡은 관행을 바꾼다 해도 돌봄의 문제가 남는다. 오래 아픈 솔로는 누가 돌봐줄까? 간호간병 통합 병동이 늘어나는 추세지만 위중한 상황일 경우 되레 통합 병동에 들어가기 쉽지 않고, 퇴원 후 집에서 요양 치료를 해야 하는 경우도 흔하다. 누군가의 돌봄이 필요한 상황을 언젠가는 맞게 되는 것이다.

이주원은 '요절 복통 비혼 여성 수술일기'라는 부제가 붙은 다드래기의 만화 『혼자 입원했습니다』를 읽다가 수술한 비혼 여성의 친구들이 돌아가며 보호자가 되어준 대목에서 "나는 이런 친구가 없는데 어떻게 하지?" 하는 걱정이 앞섰다고 한다.

> "그런 상황이 올까 봐 늘 걱정인데, 가까운
> 친구도 없지만 있어도 부탁하고 싶지 않은
> 마음이 커요. 아플 때 가까운 사람이랑
> 감정적으로 얽히면 더 힘들잖아요. 오래 아프면
> 친구에게 부탁하는 것도 한두 번이지 계속
> 그러긴 어렵고요."

그는 서울시의 '1인가구 병원안심동행 서비스'를

보면서 이런 제도가 계속 생겨서 혼자 아픈 걸 걱정하지 않아도 되면 좋겠다고 생각하다가 '돌봄 품앗이 모임'이 만들어지면 좋겠다는 바람을 갖게 되었다.

> "돌봄이 필요한 사람들이 품앗이 모임에
> 가입해서 서로 시간 될 때마다 다른 사람을
> 돌보는 방식으로 마일리지를 쌓고, 내가 필요할
> 때 그 마일리지로 다른 사람의 돌봄을 받는
> 거예요. 서로 잘 몰라도 가족이나 친구에게
> 의지하는 것보다 더 마음이 편할 것 같아요.
> 지금은 가족이 돌봄부터 정서적 지지, 경제적
> 생활 등등 모든 걸 다 해결하는 상황인데 그게
> 기능별로 나뉘면 좋겠어요. 돌봄은 품앗이에서
> 해결하고 정서적 친밀감은 또 다른 모임에서
> 해결하고. 그래서 의존하고 도움을 받는 것이
> 열등하거나 남에게 미안한 일이 아니라 그냥
> 누구나 그럴 수 있는 일이 되면 좋겠어요."

이주원의 말을 듣다 보니 사회심리학자 벨라 드파울루가 『우리가 살아가는 방법』에서 소개한 루시 위트워스Lucy Whitworth의 사례가 떠올랐다.

유방암으로 수술과 항암 치료를 받아야 했던 비혼 여성 루시에겐 가까이 사는 원가족이 없었다. 이 소식이 알려지자 그를 도우러 49명의 친구가 모였다. '루시의 천사들Lucy's Angels'로 알려진 친구 그룹에서 돌봄을 나눠 맡은 덕분에 누구도 간병 스트레스를 겪지 않았고, 루시도 필요한 것을 요청하는 데 부담이 없었다고 한다.

　　도대체 루시는 친구가 얼마나 많길래 49명이나 모여 1년이 넘도록 루시를 돌본 걸까. 호기심과 부러운 마음으로 구글 검색을 해보니 '루시의 천사들'에 대한 기사를 찾을 수 있었다.[28]

　　루시는 "돌봄 그룹을 만들기 위해 절친한 친구가 많을 필요는 없다"라고 설명했다. 직장 동료, 이웃, 형제자매, 동호인 등 누구나 참여하는 돌봄 그룹을 만들 수 있다는 것이다. '루시의 천사들'은 1995년에 출간된 책 『돌봄 공유하기Share the care』(국내 미출간)에서 소개한 방법을 따랐는데, 저자인 실라 워노크Sheila Warnock가 친구 수전Susan을 위해 돌봄 그룹을 만든 경험이 이 책의 바탕이 되었다.

　　실라가 나중에 설립한 비영리단체 '돌봄 공유하기'의 웹사이트[29]와 아마존의 작가 페이지에 있는 동영상[30]들을 보니 이들의 이야기는 돌봄의 선순환이 굽이굽이 발전해 온 역사라 할 만했다.

실라의 친구이자 싱글맘인 수전은 반복적으로 재발하는 유방암과 투병하면서 주변에 이 사실을 숨겼다고 한다. 아이들을 놀라게 하고 싶지 않았고, 직장을 잃을지도 모른다는 두려움이 있었기 때문이다. 그러던 그가 심각한 위기에 처하자 보다 못한 심리상담사가 친구들에게 도움을 청하라고 강력히 권고했다. 다음 날 수전의 연락을 받은 지 24시간도 안 되어 모인 사람들은 모두 12명. 그중 실라가 아는 이는 2명뿐일 정도로, 서로 모르는 사이인 사람들이 모였다. 친구, 이웃, 고객, 다른 엄마들 등 수전이 각각 삶의 다른 영역에서 관계 맺던 사람들이 모여 수전의 상황을 파악하고 함께 울며 무엇을 할지 의논했다.

그들이 생각해 낸 돌봄 방식은 '순환 사령관Rotating Captain' 시스템이었다. 모든 사람이 돌아가면서 매주 사령관을 맡았고, 사령관은 해당 주에 수전에게 무엇이 필요한지를 살피고 물었다. 전화 연락망을 통해 그룹 전체에 필요한 일을 알리고 2명이 한 팀이 되어 일들을 나누어 맡았다. 사령관은 그 주에 누가, 언제, 무슨 일을 몇 시간 동안 하는지 돌봄 일정표를 짜서 수전에게 전달했다. 이들은 이런 주간 일정을 수전이 숨질 때까지 3년

반 동안 반복했다고 한다. 실라가 영상에서 이러한 돌봄 방식을 설명하면서 다음과 같이 말하는 순간 나는 마음이 울컥해졌다.

> "이를 통해 우리는 수전이 가진 가장 큰 부담 중 하나를 없애줬어요. 그가 도와달라고 요청할 필요가 전혀 없었죠. 우리가 갔으니까요."

자신들을 '수전의 재미있는 가족Susan's Funny Family'이라고 불렀던 친구들은 처음 만날 때는 낯설었지만 3년 반 뒤에는 아주 가까운 사이가 되었다. 수전이 세상을 떠난 뒤 이들에게 다른 친구가 도와달라는 요청을 했고, 비슷한 경험이 계속 쌓이면서 실라는 비영리단체를 설립하기에 이르렀다.

이런 방식의 돌봄을 받아본 사람은 자신도 다른 사람을 돌보기 위해 기꺼이 손을 내민다. 루시 역시 '루시의 천사들'의 돌봄을 받은 뒤 자신도 3명의 친구를 같은 방식으로 돌보았다고 한다. 실라의 시대에는 전화 연락망이 쓰였지만, 루시는 '롯사의 돕는 손Lotsa Helping Hands'[31]이라는 인터넷 플랫폼을 활용했다. 사이트에 커뮤니티를 만들어 돌봄을 함께할 사람을 초대하고, 각자

제공 가능한 도움과 일정을 올리고 캘린더를 공유한다. 미국에서는 '롯사의 돕는 손'을 비롯해 '케어링 브릿지 Caring Bridge[32], '밀 트레인Meal Train'[33] 등의 돌봄 공유 플랫폼들이 운영되고 있다.

과장된 두려움을 지워내는 돌봄의 행위

돌봄은 가족이 전담해야 한다는 통념을 벗어나, 가족 바깥의 사람들이 서로를 돌보는 돌봄의 관계망에 주목하기 시작하니 비슷한 사례들이 계속 눈에 띄었다. '루시의 천사들'과 같은 모임은 미국에만 있는 게 아니었다.

　사회학자 우에노 지즈코는 『누구나 혼자인 시대의 죽음』에서 자신이 참여했던 '팀K'의 경험을 소개했다. '팀K'는 비혼 여성인 친구가 암 투병을 시작하자 그를 함께 돌보기 위해 만들어진 모임이다. 처음에는 6명으로 시작했는데 점점 늘어나 30명의 여성이 참여한 네트워크가 되었다.

　'팀K' 구성원들은 요일을 정해 항암 치료를 받던 친구를 찾아가 현미·채식 중심의 음식을 만들어 함께 먹었다. 또한 친구가 전문 의사를 찾아 멀리 떨어진 다른 지역으로 이동하고 병원에 입원하는 전 과정을 도왔다. 모든 노력을 다해도 회복할 가망이 없다는 걸 알게 되자 도움을 받던 친구는 '팀K' 구성원들을 초대해 작은 파티를 열었다. 충분한 작별 인사와 감사의 마음을 전한 뒤 그는 호스피스병동으로 옮겨 숨을 거두었다고 한다.

한국에도 비슷한 사례들이 있다. 사진가인 혜영은 희소 암으로 수술을 받게 되었을 때, 그의 친구들이 모여 "아픈 사람을 위한 돌봄, 그리고 돌보는 자를 돌보는 '돌봄 릴레이'를 시작"했던 경험을 페미니스트 저널 《일다》에 썼다.[34] 돌봄 릴레이 방식은 실라의 사례나 '팀K'와 크게 다르지 않았다. '다른 돌봄'을 경험해 본 혜영은 서울시 은평구의 살림의료복지사회적협동조합을 중심으로 마을에서 만난 페미니스트들과 돌봄 관계망을 만들었다고 한다.

활동가 조한진희도 『아파도 미안하지 않습니다』에서 1인 가구 여성들의 '건강 두레'에 대한 계획을 소개했다. 건강 두레는 돌봄이 필요할 때 도움을 요청하고, 월차나 주말을 두레 구성원을 돌보는 데 사용하는 일종의 상호부조 모임이다. 1인 가구 여성이라는 공통점만으로 모인 관계 안에서 돈을 매개로 하지 않고 서로에게 '열려 있는 돌봄'을 시도해 보겠다는 구상이다.

세계 각지에서 가족 바깥의 여성들이 자발적으로

만들고 계획하는 돌봄 관계망이 마치 매뉴얼이 있기라도 한 듯 서로 닮은꼴인 걸 보면, 여성들은 평등하게 관계 맺으며 상대에게 무엇이 필요한지를 알아차리고 그것을 위한 수고를 아끼지 않는 생활인의 감각이 발달한 게 아닌가 싶다. 돌봄 관계망을 만들어 함께 친구를 돌봤던 이들도 필요할 때는 전문 간병인 등의 도움을 받았지만, 이들이 할 수 있는 돌봄의 범위는 무궁무진했다. 돌봄은 신체활동 보조와 위생 관리에 국한된 게 아니니까 말이다. 아픈 친구의 이야기를 들어주고 함께 밥을 지어 먹고 같이 산책하러 나가는 것, 입원한 친구의 남겨진 동식물을 보살피는 것 등이 모두 돌봄의 행위다.

돌봄 관계망에 관한 이야기를 찾아 읽다 보니 혼자 살면 아플 때 힘들다는 말은 실제 이상으로 과장된 두려움이 아닐까 하는 생각이 들었다.

남지원은 "혼자 살다가 아픈 상황에 대한 공포는 드라마처럼 부풀려진 고독, 추상적인 고독이 아닌가 하는 의심이 있다"라고 말했다.

"일어나지 않은 일에 대한 포비아phobia를 일부러 조성하는 것 아닌가 싶어요. 아플 때 친구에게 전화해 본 적이 있으면 그거 별거

아니라고 생각할 텐데, 그런 경험이 없는
상태에서 심리적 공포만 부풀어지는 거죠.
저도 혼자 아팠던 때가 있는데 내 집이라는
물리적 공간 안에 물 떠다 주는 사람이
없다뿐이지 '세상천지 나 혼자네' 이런 생각은
안 들어요. 올케가 음식도 택배로 보내주고,
동생도 오고 친구도 오고 하는 거죠. 혼자 아픈
상황을 무서워하고 비혼 여성이 혼자 죽은
뒤 반려동물이 사체를 훼손하고 어쩌고 하는
상상이 영화에도 나오는데, 커플 중심 사회가
비혼을 비난하는 방법의 하나가 아닌가 싶어요.
그러니까 결혼해야 한다는 식의 은근한 협박
같은 거요."

박진영은 "혼자 사는 사람은 당연히 아플 때 주로 혼
자 있을 수밖에 없고 그럴 땐 최선을 다해 아파요. 외
로울 틈이 어디 있어요?"라고 반문했다. 맞다. 최선을
다해 아프고, 혼자 견디기 어려울 때는 도와달라고 말하
면 되고, 아픈 사람이 도와달라는 말을 반복할 필요가
없는 네트워크를 만들면 된다.

돌봄의 관계망을 나도 만들겠다고 의기충천하다가

도 돌봄으로 허덕이는 주변 사람들을 보면 다시 의구심이 모락모락 피어오른다. 아무리 미화해도 돌봄은 사람을 지치게 만들고 돌보는 사람의 삶에도 큰 변화를 가져오는 일인데, 여럿이 부담을 나눈다고 그게 정말 달라질 수 있을까. 게다가 돌봄의 관계망을 만들려면 '사람 부자'여야 가능할 것 같은데 난 강퍅한 성격 탓에 사람을 거두기는커녕 떨쳐내며 살아와서 같이 하겠다고 나설 친구가 있기나 하려나….

걱정은 되지만, 다른 건 몰라도 돌봄의 문제는 절대 혼자서는 해결할 수 없는 일이다. 우에노 지즈코는 '팀 K'를 소개하면서 "가족에게 의지할 수 없는 싱글에게는 가족을 대신할 네트워크가 반드시 필요하다. 없다면 노력해서 만들어야 한다"라고 단호하게 이야기했다. 먼저 해본 사람들이 "절친한 친구가 많을 필요도 없다", "누구나 할 수 있다"라고 한 말에 은근한 기대를 걸어본다.

그런 돌봄 관계망들은 조한진희의 말마따나 "혈연관계나 친밀한 관계 등으로 배타적 경계를 나누지 않고도 누구나 돌봄을 받을 수 있는 사회"로 가는 작은 씨앗이 될는지도 모른다. 그 씨앗들이 여기저기에 뿌려지는 광경을 보고 싶다.

2장
솔로는
혼자 살지 않는다

—느슨하고 안전한 가족 바깥의 친밀함에 관하여

1. 가장 사랑하는 단 한 사람?

몇 년 전 한 사진작가를 찾아가 영정 사진을 촬영했다. 장례에 쓸 목적으로 촬영한 게 아니라 정기적인 전시로 '영정 사진 프로젝트'를 진행하던 작가를 찾아간 것이다.

우연히 SNS에서 알게 된 그의 프로젝트는 사람들이 삶의 마지막 순간에 남기고 싶어 하는 얼굴을 촬영하고 전시하는 활동이었다. SNS에 올라온 사진들을 보니 사람들의 표정이 어쩌면 그렇게 다들 깊고 아름다운지 감탄스러웠다. 수수한 차림의 평범한 사람들이 그간 잘 살아온 삶을 보여주듯, 충만한 표정과 애정 어린 눈빛으로 사진을 보는 이를 마주 바라보고 있었다.

낯선 이들의 아름다운 표정을 보며 '삶의 마지막에 어떤 얼굴을 남기고 싶은가?'라는 질문에 대답하는 사진을 나도 하나 갖고 싶어졌다. 나는 카메라 앞에 서기만 하면 얼굴 근육이 경직되는 바람에 거의 모든 사진 속 표정이 뚱한데, 이 프로젝트라면 내가 지을 수 있는 최상의 표정을 담은 사진을 가질 수 있지 않을까. 내 이야기를 들은 어머니도 영정 사진이 필요하다면서 따라나섰다.

촬영 장소는 무성한 녹색 식물들이 자리한 밝고 아늑한 공간이었다. 잔잔한 음악 소리를 들으며 촬영 방식이 적힌 설명문을 읽었다. 정확히 어떤 글이었는지는 잘 기억나지 않는다. 가장 사랑하는 사람의 얼굴을 마지막으로 바라보는 순간을 상상해 보라는 것이었는지, 가장 사랑하는 사람에게 보여주고 싶은 나의 마지막 얼굴을 떠올려 보라는 것이었는지 헷갈리지만, '가장 사랑하는 사람'을 떠올려 보라는 주문이었던 것으로 기억한다. 어쩌면 인생의 마지막 순간에 생각날 만한 사람을 떠올려 보라는 요청이었는데 내가 '가장 사랑하는 사람'이라고 이해했을 수도 있다.

가장 사랑하는 사람이라고? 갑자기 난감해졌다. 딱 떠오르는 얼굴이 없었다. '가장'이라는 최상급을 떼면 떠오르는 몇몇 얼굴들이 있다. 그런데 그냥 '사랑' 말고 '가장 사랑'이라잖아. 가장 사랑하는 단 한 사람? 나의 온리 원Only One? 생각해 봐. 그게 누구냐고. 근데 이렇게 애써 생각해야 하는 사람이 '온리 원'이겠어?….

복잡해지는 머릿속을 따라 점점 굳어가는 얼굴 근육을 풀려고 과장되게 아·에·이·오·우 발성을 하며 온리 원, 빨리 나와. 너 누구야? 마음속으로 다그치던 도중 앞에 있던 어머니와 눈이 마주쳤다. 아, 맞다. 엄마

네, 엄마. 내가 가장 아끼고 염려하는 사람이고, 나에게 유일무이한 존재니까. 이제 됐다.

그런데 카메라 앞에 앉아 자세를 잡아보려 애쓰는 순간 눈물이 왈칵 쏟아졌다. 어머니가 기억할 나의 마지막 얼굴이라니. 이건 다른 상상을 할 여지도 없이 너무 슬픈 상황이 아닌가. 결국 이날 촬영한 사진은 눈물이 가득 고였는데 입은 웃고 있는 묘한 표정으로 남았다.

낭만적 사랑이 독점한 친밀한 관계

그날 일을 가끔 떠올려 본다. '가장 사랑'이라는 말 앞에서 나는 왜 당황한 걸까? 우선은 '가장'이라는 수식어에 어울릴 만한 한 사람을 꼽는 게 쉽지 않았다. 나와 같은 상황에 놓인다면 누구를 떠올리겠느냐고 에이징 솔로들에게 묻자, 나처럼 난감해하는 사람이 꽤 있었다. 정세연은 한참 궁리하다 "사람 말고 내 마음에 드는 내 모습을 떠올리겠다"라고 답했는데 "사람들을 다 다른 방식으로 사랑하기 때문에 '가장 사랑'한다는 부분이 어려워서"라고 덧붙였다. 그러게. '사랑하는 사람 중 1명'을 꼽는 거라면 좀 쉬웠을 텐데 말이다.

하지만 다시 생각해 보면 그냥 '사랑'이 아니라 '가

장 사랑' 정도는 되어야 내 최고의 얼굴을 기억해 주기를 바랄 만큼 내 삶에서 특별하게 중요하고 친밀한 사람이라고 할 수 있지 않을까? 세상 모든 사람이 나를 오해하고 외면해도 내 곁을 지키면서 불완전한 나를 채워 줄 오직 한 사람. 그렇게 특별한 '가장 사랑하는 한 사람'의 정의를 주섬주섬 꼽다 보면 거의 자동으로 낭만적 사랑의 관계가 떠오른다. 영화 〈제리 맥과이어〉의 전설적인 대사 "You complete me"(당신이 나를 완전하게 만들어 주었어요)처럼 나를 최상급의 나로, 더 바랄 것 없는 온전한 존재로 만들어 줄 단 한 사람. 그가 다른 사람이 아닌 바로 그라는 이유 하나만으로 나의 결핍을 메꾸어 줄 수 있는 존재. 뭐 이 정도는 돼야 '가장 사랑하는 한 사람'이라고 말할 수 있지 않나 하는 생각 말이다. 이것이 그날 비혼인 내가 난감한 기분을 느낀 또 하나의 이유였을 것이다.

솔로는 결혼으로 대표되는 친밀한 관계를 맺지 않은 사람들이다. 사람들이 대개 결혼을 낭만적 결합으로 여기지만 사실 낭만적 사랑에 기반한 결혼은 18세기 이후에야 등장한, 역사가 짧은 발명품이다.

실제로 낭만과 결혼이 양립하기 어렵다는 것은 누구나 다 안다. 하지만 여전히 다수의 대중매체와 콘텐츠에 낭만적 사랑에 대한 환상이 넘실대는 현실에서, 솔로는 낭만적 사랑을 거쳐 결혼에 도달하는 경로 바깥에 있다는 이유만으로 삶에서 무언가가 결핍되어 있다는 느낌이 들게 된다. 아니, 본인이 아무 생각이 없더라도 주변에서 "언젠가는 좋은 사람 만나게 될 거야", "짚신도 짝이 있는데 너도 곧…" 같은 소리를 줄기차게 듣다 보면 혼자 사는 내가 뭔가 모자란 게 아닐까, 문제가 있는 것으로 보이지 않을까 하는 불안을 느끼기에 십상이다. 부모·형제자매·친구도 있고, 보람을 느끼는 일도 있고, 즐기는 취미도 있고 다 있는데 '가장 사랑하는 단 한 사람', 그리고 그와 이룬 자신의 가족이 없다는 이유만으로 인생에서 무언가가 빠진 듯한 느낌을 받게 되는 것이다.

내가 만난 에이징 솔로 중에도 그런 결핍을 말한 사람들이 있었다. 정수경은 누군가에게 '넘버원'이 되고 싶은 갈증이 해소되지 않았고, "힘들 때 당장 연락할 수 있는 사람이 있느냐?"라는 흔한 설문 조사 항목을 볼 때마다 고민이 된다고 했다.

"서로에게 '넘버원' 관계가 아닌 이상 그러기는
어렵지 않나요? 주변의 비혼들을 보면 그런

넘버원 관계가 없는 친구들은 다 원가족으로
회귀하더라고요."

그는 자신의 경우 원가족에게서 충분한 사랑을 받
지 못한 것이 현재의 결핍감에 영향을 끼치는 것 같다
고 말했다.

"오빠만 최고로 치는 경상도 집안에서 저는
뭘 하든 부정적 평가를 받았고, 부모의 관심과
투자를 받지 못하고 자랐어요. 그런 영향 때문에
어릴 때부터 나 자신을 표현하고 스스로 느끼는
게 정당하다고 믿는 감각 자체가 부족했어요.
원가족에서의 그런 경험이 성인이 된 뒤로도
영향을 끼쳐서 친밀한 관계 맺기에 서투르지
않나, 생각할 때가 있어요."

강미라는 '가장 사랑하는 한 사람'에 대해 "가족 또
는 파트너만 그런 지위를 차지할 수 있다고 생각하지 않
는다"라고 단서를 달면서도 "영혼이 이어져 있다는 느낌
이 드는 상대가 없다는 걸 자각할 때 잘못 살았다는 느낌
이 들 정도로 위기의식을 느낀 적이 있다"라고 말했다.

영정 사진 촬영 직전 내가 받은 질문을 똑같이 받는다면 누구를 떠올리겠느냐고 묻자 그는 고양이들을 꼽았지만, 영혼이 이어져 있는 친구 찾기를 포기한 것은 아니라고 했다. 그가 생각하는 영혼이 이어진 사람이란 "좋은 대화를 할 수 있는 사람, 대화를 나누고 나면 나의 의식이 고양되었다고 느낄 만한 사람"이다.

친밀성은 다양하다

온갖 사랑 노래와 영화, 드라마가 찬미하는 '가장 사랑하는 한 사람'은 사람이 필요로 하는 친밀감의 농도와 크기에 어떤 절대적 표준이 있는 듯 착각하게 만들지만, 나는 사람에게 필요한 친밀감의 정도, 욕구의 크기는 전부 다르다고 생각한다. 예컨대 나에게는 완벽한 합일과 '일심동체'를 추구하는 유형의 사랑은 듣기만 해도 숨막히는 구속이다.

친밀감에 대한 욕구 자체를 별로 느끼지 못한다는 에이징 솔로도 있었다. 박진영은 "타인과 그렇게 막 친밀하기를 원하는 것 같지는 않다. '나도 자립적인 인간이고 너도 자립적인 인간'이라는 전제가 없으면 관계를 맺고 공감하기가 어렵다"라고 했다.

"저는 '지금, 이 순간' 누구와 감정을 나누길
바라는 공감의 즉시성에 대한 욕구가 별로
없어요. 제가 가장 아끼는 사람과 희로애락을
전부 나누기를 바라지도 않아요. 친밀한
사람에게 가장 원하는 바는 함께 기뻐하는
일이니까, 만나면 유쾌하고 문화적 배경이
비슷해서 대화가 잘 통하는 친구들이 가장
가깝고 좋지요. 그런데 기쁜 일 말고 노여움은
굳이 나눌 필요 없고요. 저는 친밀한 사람, 제가
좋아하는 사람이 저랑 있을 때 그 시간을 기쁘고
유쾌하다고 느끼면 좋겠어요. 그래서 나 힘든
이야기 징징대는 것은 되도록 안 하려고 합니다.
심지어 저는 어떤 고민이 생기면 '이걸 전문가와
함께 풀어야지, 왜 친밀한 사람에게 징징대나'
하는 생각이 들거든요."

그는 힘든 일을 겪을 때도 "지금 내가 얼마나 힘든지
알고 위로해 주었던 사람은 사적으로 친밀한 사람보다
회사나 사회에서 그 일을 같이 겪은 동료"라면서 "내가
공적, 사적 공간에서 겪는 모든 일을 다 알고 나눌 어떤
한 사람이 굳이 필요한가요?"라고 반문했다.

"애인이나 배우자가 있다고 해도 회사에서
겪은 힘든 일이 어떤 상황인지 설명해 가면서
공감과 위로를 구할 거 같진 않아요. 제일
친한 친구에게도, 아주 가까운 자매에게도
저는 안 해요. 어떤 일로 힘들 땐, 가령 상사의
말도 안 되는 지시로 화가 났거나 프로젝트
진행이 굉장히 힘들어졌을 때는 사적으로는
별로 안 친밀하지만 그 상황을 같이 겪고 있는
동료가 그 순간엔 둘도 없이 친한 사이가 되어
공감하면서 신세 한탄을 할 수 있는 거잖아요.
그렇게 회사에서 힘든 일을 함께 겪으며 서로
위로했던 동료 중엔 제가 회사를 그만둔 뒤
멀어지거나 연락이 끊긴 사람이 많죠. 그렇다고
삶의 어떤 국면에서 가진 그 순간의 친밀함이
피상적이라고 생각하지 않아요. 그런 순간의
친밀감을 여러 사람과 이어가면서 살아가는
것도 삶의 한 가지 방식 아닌가요?"

사람마다 친밀감에 대한 욕구가 전부 다른 것을 두
고 남지원은 "친밀감은 식욕과 비슷한 것 같다"라고 표
현했다. 충족되어야 하는 최소한의 양은 있을지 몰라도

어떤 종류의 친밀감을 원하는지는 기질과 경험의 차이에 따라 다르고 색깔도, 총량도 모두 다르다는 것이다.

> "어떤 사람은 친밀감에 대한 욕구가 클 거고,
> 결혼해 봤거나 낭만적 사랑에 근거한 친밀한
> 관계를 맺어본 사람은 그것을 원했던 적이
> 있으니 그리움, 결핍 같은 게 있겠지요. 그런데
> 저는 그걸 원한 적이 없어서 그 삶을 몰라요.
> 제게 필요한 친밀감은 원가족과 친구들을
> 통해 채워지죠. 제가 겪어보지 않은 관계를
> 아쉬워하지 않기 때문에 낭만적 친밀감에 대한
> 욕구는 별로 없는 것 같아요. 제 옷장에는 제
> 스타일의 옷들이 있는 거죠. 내가 입어보지
> 않은 옷을 두고 '한 살이라도 더 젊을 때
> 미니스커트도 입어볼걸 그랬다' 같은 식의
> 생각은 전혀 들지 않거든요."

에이징 솔로 취재를 하던 도중 생물인류학자인 박순영 서울대학교 명예교수와 이야기를 나누다가 친밀감이 화제에 올랐는데, 그는 "인간은 사회생활을 하는 동물이라서 생존을 위해서는 친밀감[1]이 필수적"이라고 설명했다.

"수렵 채집 사회에 살고 있다고 상상해 봅시다.
살아남으려면 이웃이 사냥하러 갈 때 나한테
같이 가자고 이야기할 사이가 돼야 하고, 사냥해
온 걸 같이 나눠 먹는 사이가 돼야 해요. 이런
게 전부 미래의 생존과 긴밀하게 연결돼 있어요.
그래서 친밀감이 생존에 필수적인 거죠. 그
친밀감은 상대가 누가 됐든 느끼기만 하면
됩니다. 혼인 관계가 친밀감을 독점하지는 않죠.
결혼은 낭만적 관계라기보다 정서적 친밀감과
성·자녀·경제가 모두 연루된, 삶이라고 하는
비즈니스의 파트너 관계예요. 동업자 같은
관계인데 끝까지 좋게 가기도 쉽지 않아요.
포유류가 젊었을 때 만나서 3~4년 지나면
로맨틱한 감정이 사라지기 마련이니까요.
비혼이 친밀감에 대한 욕망을 충족할 수
없으리라 생각하는 건 오해죠. 인간의 관계는
다양합니다."

'온리 원'이 아닌 '감정 관계들'

친밀한 관계가 주로 낭만적 사랑에만 국한된 것처럼 여겨져 온 것은, 낭만적 사랑에 대한 신화가 지나치게 강력한 바람에 그것이 아닌 다른 친밀한 관계의 사례와 대안에 관한 이야기가 빈약한 탓도 있을 것이다. 그러나 낭만적 사랑은 인간의 본성이라기보다 문화의 산물에 가깝다. 낭만적 사랑은 18세기 르네상스 시대의 시인들이 사랑을 낭만화하면서 태어났고, 문학을 통해 확산했다. 그런데도 낭만적 사랑을 통해서만 사람이 온전해진다는 신화가 강고해서 다른 유형의 사랑의 중요성이 쉽게 간과된다.

뒤에서 살펴보겠지만 삶에서 우정이 차지하는 비중이 낭만적 사랑보다 과소평가된 면도 있다고 생각한다. 심지어 우정에서도 이른바 '베프(베스트 프렌드)'나 '솔메이트' 등 '온리 원'을 추구하는 경향을 종종 보게 되는데, 이 역시 낭만적 사랑에 대한 신화가 끼친 강력한 영향의 결과가 아닐까 짐작한다.

에이징 솔로가 친밀감을 추구하는 방식은 "식욕이 사람마다 다르듯" 저마다 달랐다. 원가족과 긴밀한 사람도 있고, 친구·공동체·스스로 만든 모임 등 다양한 방식으로 관계를 구성하며 친밀감을 충족하는 사람들도 있다. '가장 사랑하는 단 한 사람'이 없어도 '사랑하는 사람들'을 만들며 살아간다. 솔로도 친밀한 관계를 원한다. 다만 결혼이라는 제도로 묶인 관계를 원치 않을 뿐이다.

가장 사랑하는 한 사람보다 각기 다른 친밀한 관계를 여럿 갖는 것이 삶의 만족도를 더 높여준다는 심리학자들의 연구 결과도 있다.[2] 슬퍼서 위로가 필요할 때, 행복한 일을 같이 나누고 싶을 때, 불안을 누그러뜨려야 할 때 등등 서로 다른 감정을 나눌 각각의 관계를 여러 개 가진 사람이 그 모든 감정을 아주 가까운 소수의 관계에서만 나누는 사람보다 더 행복하다는 것이다. 연구자들은 특정한 감정을 다룰 특정한 관계를 그냥 관계 relationships 대신 감정 관계emotionships라 불렀는데, 그런 감정 관계의 다양한 포트폴리오를 갖는 것이 삶의 질을 더 높여준다고 했다.

논문을 읽다 보니 내 경우가 이와 크게 다르지 않구나 싶었다. 누군가를 필요로 할 때, 예컨대 마음이 너덜너덜해져서 술 한잔 앞에 놓고 넋두리할 상대가 필요할 때, 어딘가 오래 걷고 싶은데 동행이 필요할 때, 벼르고 별렀던 콘서트나 공연을 같이 보러 갈 사람을 구할 때, 혼자 있어도 얼굴이 화끈거릴 만큼 부끄러운 일을 누군가에게 털어놓고 싶을 때, 각각의 경우에 떠오르는 사람들의 얼굴이 다 다르다. 아마 다들 약간씩은 그렇지 않을까? '온리 원'이라는 각본에 대한 집착만 털어낸다면 '가장 사랑하는 한 사람'을 두지 않은 삶은 '감정 관계들'로 더욱 풍요로워질지도 모른다.

여전히 한국 사회에서 '나를 채워줄 한 사람'에 대한 희구는 강렬하다. 어쩌면 그만큼 삶의 허기가 크다는 방증일 것이다. 이 글을 쓰는 즈음, 사람들이 가장 자주 이야기했던 TV 드라마는 〈나의 해방일지〉였다. 부모에게 사랑을 받아본 적이 없고 남자친구에게도 이용당하며 직장에서는 끝없이 괴롭힘을 당하던 염미정(김지원 분)은 다짜고짜 구 씨(손석구 분)에게 "나를 추앙해요"라고 요구한다. 한 번은 채워지고 싶은데 사랑만으로는 부족하다면서 말이다. 뜬금없이 '추앙'이라는 단어가 튀어나올 때, 그 말을 하는 미정이의 결연한 표정을 보면서 나도 모르게 한숨을 쉬었다. 아이고, 미정아···. 모든 관계가 노동이었다면서 왜 하필 그 모든 노동보다 몇십 배 힘들 음침한 술꾼을 고른 거니. 너 어쩌려고.

그런데 드라마가 진행될수록 '추앙'을 제대로 하는 사람은 구 씨보다 미정이었다. 미정이는 구 씨에게 술 끊으라는 요구도 하지 않았고, 호스트바 출신이라는 과

거도 대수롭지 않게 여기며 그를 있는 그대로 받아들였다. 평가하거나 판단하지 않았다. 그러면서 자신이 변해 갔다. 다른 사람의 '추앙'에 의해 채워지는 게 아니라 스스로 자신을 채웠다. 타인에게 조건부가 아닌 절대적 지지를 보낼 줄 알게 되면서, 만나는 사람이 누구든 환대할 줄 알게 되면서, 그렇게 설레는 시간을 모아 하루에 5분씩 채워가면서, 자신의 취약함과 결핍에서 스스로 해방되었다.

자신을 사랑스럽게 느끼기 시작하게 되었다는 미정이의 웃음을 보며 생각했다. 그렇게 자기 자신을 변화시키는 추앙과 환대는 상대가 꼭 매력적인 배우 손석구를 통해 구현된 구 씨 같은 사람이 아니더라도, 굳이 낭만적 사랑의 관계가 아니더라도, 한 사람이 아니더라도 가능할 것이다. 다른 사람이 아닌 '나'의 해방이니까 말이다.

2. 비혼은 가족에게서 독립했을까?

'인생의 마지막 순간 떠올릴 가장 사랑하는 한 사람'이 누구냐고 질문했을 때 사람들의 답이 궁금해서 한동안 만나는 사람마다 물어보고 다녔다. 제대로 조사한 게 아니라 일반화할 수 없지만, 10여 명의 대답을 모으니 얼추 비슷한 윤곽이 드러났다.

솔로들이 가장 많이 꼽은 사람은 어머니, 기혼 여성들의 경우에는 자녀였다. 친구들과의 단체 대화방에서 기혼 친구 중 딱 1명이 배우자를 꼽았는데 "와~ 이 대답이 왜 신선하게 느껴지지?" 하는 찬탄이 터져 나왔다. 그렇다. 우리는 '가장 사랑하는 한 사람'이 배우자라는 대답에 화들짝 놀라는 중년인 것이다…. 기혼과 비혼 모두 고양이를 꼽은 사람들도 있었다. 친구나 애인을 꼽는 사람이 1~2명은 있으리라 기대했는데 전혀 없었다는 점은 의외의 결과다.

에이징 솔로 중 친밀성에 대한 욕구가 적다고 했던 사람들은 예상을 비껴가는 대답을 내놓았다. 남지원은 질문을 듣자마자 "나는 사람 말고 순간을 떠올리겠다. 내가 가장 사랑했던 순간, 그 순간 속에 있는 나"라고 대답했다. 그는 내가 만난 에이징 솔로 중 가장 자유롭고 개별성이 두드러졌던 사람인데, 역시 그다운 대답이다.

박진영도 "내가 제일 보고 싶은 나의 모습"을 꼽았다. '최고의 나'가 담긴 얼굴을 남기기 위해 가장 사랑하는 누군가를 떠올리기보다 내가 사랑하는 사람들이 흐뭇하게 기억해 줬으면 하는 어떤 순간의 자신을 꼽은 것이다. 그러면서 박진영이 덧붙인 말이 인상적이었다.

> "마음 한편으로는 가장 사랑하는 사람으로
> 누구의 얼굴도 떠오르지 않아 당황했어요.
> 사랑하는 사람은 많은데, 그 상황에 떠오르는
> 압도적 1인이 없는 거예요. 가장 사랑하는
> 사람을 꼽으라면 가족이어야 한다는 심리적
> 검열이 마음속에서 작동하는 게 아닐까 하는
> 생각도 들었어요."

혹시 가족을 만들지 않은 에이징 솔로들이 거의 다 어머니를 꼽은 것도, 친구나 애인을 꼽은 사람이 없었던 것도 그와 비슷한 마음에서였을까? 인생의 마지막 순간에 떠오를 가장 사랑하는 한 사람은 가족이어야 한다는 심리적 검열 또는 도덕적, 문화적 영향력이 알게 모르게 스며든 결과이지는 않았을까? 가장 사랑하는 한 사람을 떠올릴 때조차 원가족으로 회귀하는 솔로는 과연 가족으로부터 독립했다고 말할 수 있을까?

비혼인 딸에 대한 부모의 불안

결혼이 독립의 기준, 성인 됨의 지표인 한국 사회에서 솔로들에게 가족으로부터의 독립은 다소 마음이 복잡해지는 주제다. 경제적·공간적으로도 이미 독립했고 오랜 시간을 혼자 살았어도 비혼인 딸들은 부모에게서 독립했다고 인정받지 못하는 경우가 많다. "믿을 건 가족밖에 없다"라는 신념으로 살아오면서 자식을 자신과 분리된 존재로 바라보지 못하는 부모들은 '출가외인'이 되지 않은 비혼인 딸을 여전히 자신의 보호와 감독 아래에 있는 통제 대상으로 바라본다.

　내가 만난 에이징 솔로는 다수가 부모에게서 독립해 혼자 또는 친구와 살고 있었지만, 결혼하지 않은 상태에서 독립하려면 직장이나 학업으로 인한 이주처럼 특정한 계기가 있거나 힘겨운 싸움을 치러내야 했다.

　20대 후반부터 친구와 살기 시작한 김다임은 부모

와의 불화를 각오하고 거의 도망치다시피 집을 나왔다
고 했다.

"집에서 너무 나가고 싶었는데 집도 서울,
학교도 직장도 전부 서울이라 결혼 말고는
부모 집에서 나갈 방법이 없었어요. 그런데
저는 결혼할 생각이 없으니 독립하려면 전투를
치를 수밖에요. 아무런 지원을 받지 않고 집을
뛰쳐나왔더니 아빠는 큰일 났다고만 하시고,
엄마가 제 손에 약간의 돈을 쥐어주셨어요. 그
돈이랑 제가 모아둔 얼마 안 되는 돈, 친구가
갖고 있던 돈을 모아 친구랑 같이 반지하
전세방을 얻었죠. 결혼하지 않은 여성이 집을
떠나기란 정말 어려운 일이라는 걸 절감했어요."

따로 살게 되어도 부모는 딸이 비혼이면 그가 몇 살
이 되었건 독립적 존재로 대하는 데에 어려움을 겪는다.
정세연은 몇 년 전 작은 집을 장만한 뒤 아버지에게 "어
떻게 부모에게 말도 안 하고 집을 사느냐"라고 혼쭐이
났다고 했다.

"아버지가 화를 내시는 게 당황스러워서
죄송하다고는 했지만, 한편으로는 아버지가
보태줄 것도 아니면서 뭘 그렇게 불쾌해하시나,
내가 50이 훨씬 넘은 나이에 내 집을 사는 것도
아버지 허락을 받아야 하나, 황당했어요. 오빠는
집을 산 뒤 나중에 '아버지, 저 이러저러하게
집 샀어요'라고 말씀드리고 끝났거든요. 제가
독립한 지도 오래됐고 나이 들 만큼 들었는데도
결혼하지 않은 딸은 아버지의 관리하에 있다고
생각하시니까 화를 내셨겠죠."

내게도 비슷한 경험이 있다. 나의 아버지는 80대 중
반에 인지증을 앓기 시작한 뒤 많은 걸 혼란스러워했지
만 혼자 사는 나에 대한 걱정 하나만큼은 일관되었다.
나만 보면 "혼자 밖으로 싸돌아다니지 말고 얼른 집에
들어와라"라고 채근했다. 결혼한 여동생에게는 한 번도
그런 적이 없다. 인지장애 와중에도 자식 때문에 근심하
는 아버지가 짠하다가도, 독립한 지 30년이 다 되어가
는 50대 중반인 내가 비혼인 것이 여태 아버지의 걱정
거리라는 게 심란했다.

비혼인 딸에 대한 부모의 불안은 다른 자녀, 손주

에게 자신의 후사를 부탁하는 것으로까지 이어지기도 한다. 박인주는 얼마 전 결혼한 여동생에게서 전해 들은 이야기를 들려주었다. 갑자기 수술을 받게 된 어머니의 곁을 여동생 부부가 지켰는데, 어머니는 수술 후 마취에서 깨어난 직후 의식이 흐릿한 상태에서 여동생 부부를 붙들고 "언니한테 잘해라", "언니 외롭지 않게 해줘라"를 여러 번 당부했다고 한다. 박인주는 "내가 비혼인 것이 엄마에게는 떨쳐낼 수 없는 미해결 과제인 것 같다"라면서 씁쓸해했다.

같이 이야기를 나누던 정세연은 자신에게도 황당한 경험이 있다면서 조카 이야기를 꺼냈다.

> "내가 조카와 1년 반쯤 같이 살았거든요. 어느
> 날 얘가 갑자기 '고모가 더 나이 들면 내가
> 챙길 거니까…' 어쩌고저쩌고 이야기를 하는
> 거예요. 황당해서 '야 인마, 네 앞가림이나 잘해'
> 하고 말았는데, 마음이 착잡하고 별생각이
> 다 들었어요. 할머니랑 할아버지가 장손 하나
> 앉혀놓고 '네가 고모까지 챙기고 돌봐야 한다'
> 같은 이야기를 얼마나 많이 했으면 얘가
> 이런 생각을 하나, 스트레스 좀 받았겠구나

싶더라고요."

가족과의 적절한 거리 찾기

비혼인 딸의 독립을 인정하기 어려워하는 부모들에 비
해 솔로들은 원가족을 어떻게 바라보고 있을까? 대체로
강력한 가족주의 문화 속에서 성장했으나 자신의 새로
운 가족을 만들지 않은 솔로에게 가족의 경계는 어디까
지일까?

　내 경우 가족을 떠올리면 부모, 형제자매와 그들의
배우자, 조카들까지 그 범주에 들어간다. 내가 만난 에
이징 솔로들도 어디까지가 가족이냐는 질문에 대부분
부모와 형제자매 등 원가족 구성원을 꼽았다. 박인주는
자매들과의 관계가 스스로 구성한 가족 못지않을 친밀
감의 원천이라고 했다.

> "남편 대신 자매들이 '내 편'이죠. 결속력이
> 강한 자매들이 있는 다른 친구들도 그렇다
> 하더라고요. 전 막냇동생이랑 거의 이틀에 한
> 번꼴로 통화하는데 일상적 대화부터 대단히
> 많은 것들을 나누고 있어요. 가족을 만들지

않았다는 것이 가져올 수 있는 결핍도 자매들을 통해 해소되는 것 같아요."

40~50대 비혼 여성 13명을 심층면접해 결혼과 가족에 대한 태도를 살펴본 한국방송통신대학교 생활과학부 성미애 교수의 연구[3]도 비슷한 이야기를 들려준다. 이 연구에서 같은 연령대의 기혼 여성이 인식하는 가족의 범위는 자신이 결혼해서 만든 생식가족에 한정됐지만, 비혼 여성은 부모와 형제자매의 생식가족을 모두 포함하는 식으로 광범위한 관계에 있는 사람들을 가족 구성원으로 인식하는 것으로 나타났다.

이 연구에 따르면 "비혼 여성은 가족을 가장 소중한 관계로 인식하며, 자신의 생식가족에 먼저 관심을 기울이는 기혼 형제자매와 달리 원가족 구성원을 돌보거나 도움을 제공하는 일에 더 깊이 개입"한다. 이들은 "다른 어느 가족 관계보다 부모와 밀접한 관계를 맺고 있으며, 가사나 집안 행사에 도움을 주거나 받기도 하고, 개인적인 일 또는 집안일을 부모와 상의하는 일상적 행동이 높게" 나타난다.

연구자는 이 때문에 중년의 비혼 여성이 혼자 살더라도 심리적으로는 독립했다고 볼 수 없다고 결론지었다. "중년 비혼 여성의 결혼과 가족에 대한 인식이 크게 해체되거나 재구성되는 측면이 없으므로, 비혼의 증가가 개인화의 결과라는 서구 사회의 설명 틀을 한국 사회에 적용하기 어렵다"라는 것이 이 연구의 결론이다.

이 연구는 2014년에 진행되었으니 연구 대상자들인 당시의 40~50대 비혼 여성은 내 또래와 그보다 살짝 나이 많은 연령대에 걸쳐 있을 듯하다. 청년 세대는 어떨지 궁금해 자료를 찾다가 청년 세대 비혼 1인 가구 여성에 관한 2021년의 연구를 읽게 되었는데, 정도의 차이는 있지만 크게 다르지 않았다.

서울시에 사는 25~42세의 고학력 비혼 1인 가구 여성 14명을 심층면접한 김민지의 연구[4]에서 원가족과 얼마나 가까운지와 별개로 비혼 여성이 생각하는 가족의 기준은 여전히 "원가족과 그들이 사는 공간"이었다.

연구자는 이들이 "가부장적인 정상가족에 비판적이고 혼자 살기를 통해 정상가족과 거리 두기를 하면서도, 대안적인 친밀성의 모델이 문화적으로 존재하지 않는 현실에서 가족 형성에 대한 전면적 부정과 정상가족의 추구 사이를 오가고 있다"라고 분석했다.

대안적인 친밀성의 모델이 없는 것은 한국 사회의 경직된 가족제도와 문화에서 먼저 그 이유를 찾을 수 있을 것이다. 결혼하지 않고도 같이 사는 관계를 법률적으로 인정받을 수 있는 생활동반자 모델의 도입은 그림의 떡처럼 요원하기만 하고, 동거와 사실혼 커플, 비혼모 등 혼인과 혈연에 기반한 정상가족이 아닌 그 밖의 다른 형태의 가족은 제도적 차별을 받고 있으니까 말이다.

가족이 아닌 친밀한 관계를 말할 때 '가족 같은 사이', '가족이나 다름없는 친구'처럼 계속 가족을 기준으로 삼아 비교하는 사고방식도 새로운 관계의 상상과 확산을 어렵게 한다.

비혼 연구자인 지은숙 박사는 "공동체나 새로운 주거 형식, 새로운 연대의 방법을 생각할 때 가장 어려운 점은 근대가족의 프레임을 넘어서는 것"이라고 지적했다.

"프랑스 혁명 이후 등장해서 300년 정도 유지되어 온 근대가족 프레임이 정서적 애착을 중심에 둔 삶의 모델이 되어버렸어요. 서양의 근대가족 모델은 커플 중심인 반면, 한국에선 자녀가 있어야 세트가 완성돼요. 특히 여성은 자녀와의 밀착감을 훨씬 더 중요하게 여기고요.

오히려 커플 중심 관계는 선택지가 다양할 수 있어서 변화가 빠른데, 한국의 경우 자녀 중심인 근대가족 모델의 대체 불가능성이 너무 강력해서 변동도 느리죠. 비혼인 제 친구들에게서도 나이 들수록 부모에 대한 친밀성의 농도가 더 짙어지는 모습을 봐요. 자기의 역사, 존재를 확인하는 데 가장 많이 의지하고 평생 가장 오래 알아온 존재가 부모니까요. 저도 여기에서 크게 벗어난 사람은 아니지만 이게 바람직하다고 생각하지는 않아요."

그는 비혼 여성이 나이 들수록 부모와 더 밀착되는 현상을 "수렁"이라고까지 표현했는데, 이 밀착된 관계가 솔로의 부모 돌봄 독박을 합리화하는 도덕적 평계로 쓰이기도 하니 수렁이라 할 만도 하다. 뒤에서 에이징 솔로의 부모 돌봄 독박을 따로 살펴보겠지만, 기혼인 형제자매가 부모 돌봄을 솔로에게 떠넘기는 일도 잦은 한편, 본인 스스로 부모 돌봄을 자신이 짊어져야 할 책임과 도리라고 여기는 에이징 솔로도 많다.

가족, 독립과 구속 사이

에이징 솔로와 가족과의 관계는 독립이냐 아니냐로 양분하기에는 복잡한 관계다. 앞에서 인용한 연구가 지적했듯, 혼자 살기를 선택한 비혼 여성이 정상가족 이데올로기에 비판적이면서도 여전히 가족주의적 영향에서 벗어나지 못하는 경우가 많다.

사실 나도 크게 다르지 않다. 정상가족 이데올로기의 문제를 지적하는 책을 썼고, 가족의 틀을 유연하게 만드는 일에 일조하고 싶어 가족정책을 전담하는 정부 부처에서 일했던 나 자신도 솔직히 이 복잡함에서 벗어났다고 할 수 없다. 오랫동안 혼자 삶을 꾸려왔고 어떤 일이든 내 힘으로 해내는 자립심이 강하다고 생각하지만, 원가족에게서 완전히 독립했다고 보기 어려운 밀착된 감정 또한 내 안에서 발견하고는 한다. 개인적으로는 15년 전 남동생이 세상을 떠난 뒤 자식을 잃은 부모의 비통을 곁에서 함께 겪으면서, 부모의 남은 생을 내가 지켜야 한다는 책임감이 커진 영향도 있을 것이다.

앞에서 인용한 논문을 읽으면서 중년 비혼 여성이 원가족과 밀착한 태도를 두고 "심리적으로 독립하지 못했다"라고 진단한 분석에 반발심이 일었지만, 동시에 내가 어떤 의미로든 부모와 강하게 결속되어 있고, 계속

'심리적 독립 전쟁' 중이라는 사실은 부인하기 어렵다. 깊은 애증의 대상인 아버지가 몇 년 전 갑자기 쓰러진 뒤에는 나 역시 과할 정도로 휘청였던 바람에 내 삶을 다잡는 데에 꽤 시간이 걸렸다. 이는 그저 부모의 영향과 그림자를 소화해 내야 할 성인의 과제를 치르는 것일 뿐, 내가 비혼인 것과는 상관없는 일 같기도 하다.

가족에게서 독립하지 못했다기보다 전략적으로 가족 관계를 활용하는 에이징 솔로도 있다. 혼자가 된 여성 노인이 친척, 자매와 가까운 곳에서 살거나 함께 사는 것이 그런 경우라 할 것이다. 앞서 자신의 노후를 챙기겠다는 조카를 나무랐던 정세연 같은 솔로가 있는가 하면, 인터뷰를 사양했던 한 60대 초반의 비혼 여성은 자신의 집에서 서른이 넘은 조카와 함께 산다. 그는 조카에게 노후를 의탁하고 사후에 자신의 재산을 물려줄 예정이라고 했다.

해외에서도 크게 다르지 않아서 솔로들이 기혼자보다 가족 구성원으로서의 자신의 역할을 더 진지하게 생각하며 넓은 의미의 가족에게 시간과 노력을 많이 투자하는 방법으로 노후를 대비한다는 연구 결과[5]도 있다.

그런가 하면 성장 과정 내내 가족 안의 가부장적 폭력에 시달렸고 가부장제로부터의 탈주와 반격으로 비혼을 선택한 사람들에게 가족은 끊어내야 하는 구속이자 극복해야 할 상처다. 에이징 솔로와 가족의 관계는 한마디로 단언하기 어려운 넓은 스펙트럼에 걸쳐져 있는 셈이다.

독립과 소속, 자율과 연결, 벗어나기와 잇기. 양립 불가능한 것 같지만 모든 사람이 동시에 품고 있는 갈망이다. 상대적으로 비중이 다를 뿐, 에이징 솔로도 크게 다를 바 없다. 혼자만의 독립적인 삶에 대한 욕구만큼 친밀한 관계에 대한 열망도 크다. 그 관계가 무엇일지는 각자가 처한 환경에서 어떤 자원을 활용할 수 있느냐, 어떤 기회를 만나느냐에 따라 달라질 것이다. 어떤 이에게는 그 대상이 형제자매와 친척들일 수 있고, 어떤 이에게는 친구다.

3. 우정을 중심에 둔 삶

덜떨어진 소리 같지만, 나는 내게 친구가 충분한지 적은
지 좀 헷갈린다. 기준에 따라 많기도 하고 없기도 하다.
학창 시절 친구부터 함께 여행을 가거나 술 마시는 친
구들, 산에 함께 가는 친구들, 아마추어 극단을 같이 하
는 친구들 등 여러 그룹이 있지만, 일상적으로 꾸준히
함께하고 가까운 곁이라 할 만한 친구는… 단번에 떠오
르는 얼굴이 없고 헤아려 봐야 하는 걸 보니, 별로 없다.
아마 내가 50대 중반이 되었어도 관계에 서툴러서 다른
이에게 그런 친구가 되어주지 못했기 때문일 것이다. 비
슷한 사람끼리 친구가 된다더니, 내 친구들은 대체로 나
처럼 곰살맞은 구석이 없고 무뚝뚝하다. 서로를 세심히
챙기지 않지만, 연락이 뜸해도 서운해하지 않고 갑자기
대화를 시작해도 어제 만난 듯 어색하지 않다는 게 나
를 감싼 우정의 특징이랄까.

    친구는 다른 관계들과 비교하면 유동적이고 정의
하기 모호하다. 친구가 누구인지 모양 짓는 공식적 틀이
없고, 부부처럼 관계의 의무와 구속이 없으며, 관계를
끝낼 때도 거쳐야 할 제도와 절차가 없다는 점에서 느

순하다. 배우자나 자식과는 며칠씩 말을 끊고 지내는 게 어렵지만, 친구와는 그럴 수 있다. 결정적 순간에 친구는 가족에게 우선순위가 밀리기도 한다.

하지만 좋은 삶이라는 관점에서 우선순위를 따진다면 다른 어떤 관계보다 친구가 우위에 있지 않을까. 친구 관계는 내성적이냐 외향적이냐 하는 기질과 무관하게 사람이 느끼는 행복도를 결정하는 요인에서 거의 60%를 차지한다고 한다. 특히 중년과 그 이후의 삶의 질을 좌우하는 중요한 지표 중 하나는 '가까운 친구들 이름을 주저 없이 댈 수 있는가'다.[6]

에이징 솔로에게 친구는 더욱 중요한 관계다. 여성 민우회 조사에서 1인 가구 여성들이 외롭거나 아플 때 가장 많이 의지하고 찾는 사람은 친구였다. 친구 관계의 경제적, 사회적 힘이 크지 않기 때문에 병원에 입원할 때처럼 '공적인' 해결이 필요한 때는 도와줄 대상으로 가족을 찾는 경우가 많지만, 정서적으로는 '친구'라는 관계망을 가장 중요하게 꼽았다.[7]

김다임도 부모 집에서 독립한 뒤 혼자 살아가는 삶에서 친구와의 우정이 가장 든든한 뒷배라고 했다. 친구가 중고차를 사서 운전 연습을 할 때 "목숨을 담보로" 차에 같이 타주고, 친구 엄마가 딸과 연락이 잘 닿지 않을 때는 김다임에게 전화해 딸의 근황을 묻는 사이가 되었다. 친구들과 함께 노는 이벤트와 규칙적인 만남을 만드는 것이 중요하다고 생각하는 김다임은 '골때녀(TV 예능 프로그램 〈골 때리는 그녀들〉의 줄임말) 단체 관람'을 만들어 친구들과 같이 보고, 기념일을 함께 챙기며 날짜를 정해 꼬박꼬박 만난다. 그는 몇 년 전 아예 친구와 함께 집을 장만해 같이 살고 있다. 친구들과 정서적 유대 관계 이상으로 재산을 공유하는 경제 공동체를 이룬 것이다.

거리, 시기에 따른 우정의 흥망성쇠

친구와 같은 공간에 사는 것까지는 아니어도 가까운 거리에 있어야 함께하는 시간이 쌓여 관계가 두터워지는데, 주거가 불안정해 이사가 잦거나 쾌적한 주거지를 찾아 탈脫서울을 단행한 에이징 솔로에게는 그 점이 늘 도전 과제다.

서울에서 살다가 경기도 신도시로 이주한 강미라는 "혼자 살면서 다른 건 부족함이 없는데 친구와의 거리가 가장 큰 문제"라고 했다.

"학교 친구들이 결혼하고 아이를 낳아 키우면서

그들과는 자연스럽게 멀어졌고, 제가 이직을 하면서 예전 직장 동료들과도 소원해졌어요. 그래도 친한 친구들은 남아 있었는데, 경기도로 이사한 게 교우 관계에 결정적인 영향을 줬어요. 어릴 땐 상대가 어디 사는지가 별문제 아니었는데 나이가 드니까 누굴 만날 때 상대를 좋아하지 않는 건 아니지만 서울 가서 2시간쯤 만나려고 왕복 4시간을 들일 만큼 좋아하는가를 자꾸 스스로 묻게 되더라고요."

강미라의 느낌대로 거리는 중요하다. 사회적 네트워크에 관한 연구에는 '30분 법칙Thirty-Minute Rule'이라는 암묵적인 법칙이 있다. 영국의 진화인류학자 로빈 던바 Robin Dunbar의 설명에 따르면 "어떤 사람이 당신이 사는 곳에서 30분 이내 거리에 산다면 당신은 그 사람을 중요한 사람으로 간주하고 그 사람을 만나기 위해 노력하게 된다. 30분이 도보인지, 자전거나 차로 가는 시간인지는 중요하지 않다. 당신이 그곳에 도착하는 데 얼마나 걸리느냐에 관한 심리적 거리감이 더 중요하다"라는 것이다.[8]

그래서 내 친구들도 모이면 곧잘 "나중에 가까운 곳

에 모여 살자"라는 말을 하는 것인지도 모르겠다. '가까운 곳'은 앞의 설명처럼 심리적으로 가깝게 느껴지는 거리, 흔히들 하는 말로 "죽을 끓여 들고 갈 때 차갑게 식지 않을 정도의 거리"일 것이고 '나중'은 돈벌이, 가족 돌봄 등 피할 수 없는 의무를 끝내고 난 뒤의 인생 구간일 것이다.

강미라는 이사 온 동네에서 새로운 친구를 만들어보려고 아파트 커뮤니티 게시판에 글을 올려 비혼 여성들이 모이는 네트워크를 만들었다. 기대만큼 활발히 교류하지는 않는다고 한다. 관심사가 겹치는 지점을 아직 찾지 못해서다.

> "신도시 여성들 모임도 몇 번 다녀봤는데,
> 기혼이든 비혼이든 부동산으로서의 아파트에
> 관심이 집중돼 있더라고요. 가치관이 어느
> 정도는 비슷해야 같이 밥 먹으면서 잡담도
> 나누고 진지한 대화도 나눌 수 있는 사이가 될
> 텐데, 아직은 찾지 못했어요."

그가 찾는 친구는 긴밀한 우정을 나눌 사람보다는 "간헐적 식구"로서의 친구다.

"그냥 일주일에 한 번쯤 만나 같이 밥 먹는 간헐적 식구가 필요해요. 솔로들은 개인의 공간과 시간이 중요해서 맨날 같이 먹자, 같이 어디 가자, 그러면 또 싫을 테니까요. 일주일에 한 번쯤 같이 밥 먹는 관계가 있으면 다른 밥이 외롭지 않을 거예요."

거리뿐 아니라 인생의 어느 구간을 통과하느냐에 따라 친구 관계는 부침을 겪는다. 솔로들의 우정도 결혼하는 친구들의 영향을 많이 받는다. 대개 친구가 확연하게 줄어드는 때는 또래 친구들이 결혼할 때다. 그 뒤 출산과 육아처럼 시간을 요구하는 일들이 늘어나면서 친구 관계의 양상이 달라진다. 인생의 변화는 각자의 시간과 주의를 빼앗을 뿐 아니라 전에는 몰랐던 나와 친구의 특징, 상상조차 하지 못했던 면모를 드러내 보여주기도 한다. 각자의 성공과 실패, 오해, 질투로 가까웠던 친구가 멀어지기도 하고 새로운 사람이 다가오기도 하면서 우정은 흥망성쇠를 겪는다.

내 경우는 30~40대를 통과하면서 학창 시절 친구들과의 교류는 줄었지만, 사회생활에서 만난 새로운 친구들이 그 자리를 대체했다. 내가 오래된 친구들과 다시 연결된 것은 50세 언저리부터다. 다들 사회에 어느 정도 자리를 잡았고, 기혼 친구들은 자녀 양육을 얼추 끝낸 시점이다.

솔로의 '절친'은 다 솔로일 것 같지만 그렇지 않다. 나만 해도 '절친'을 꼽아보면 비혼 여성, 싱글맘, 기혼 유자녀 여성, 기혼 무자녀 여성, 기혼 남성 등 다양하다. 나이대도 다르고 학창 시절 친구에서부터 직장 동료, 사회생활을 하면서 만난 친구, 여행에서 만나 가까워진 사이 등이 섞여 있다. 공통점은 함께한 시간이 길고, 여행이든 일이든 데모든 무언가를 함께하면서 강렬한 경험을 공유했거나 세상을 바라보는 시각이 비슷하다는 것이다.

나이 들수록 줄어드는 친구들

에이징 솔로들은 나이가 들수록 친구가 점점 줄어드는 것 같다고 했다. 자영업을 하는 최은주(56)는 "나이 들면 인간관계가 좁아진다. 나부터도 중요한 관계와 그렇지 않은 관계를 구분한다. 에너지가 떨어지니까 누구나 다 그렇지 않을까?"라고 말했다.

나 역시 청년 시절보다 에너지가 떨어진다는 사실을 부인할 수 없다. 오래 알던 가까운 친구와 함께하는 시간은 소중히 여기지만, 여럿이 모이고 그다지 궁금하지 않은 지인들과 시간을 보내는 사교활동은 점점 더 피하게 된다. 친구와의 사이에 오해나 갈등이 생기면 어떻게든 회복하려 애쓰던 예전과 달리, 지금은 그냥 거리를 두고 지켜본다. 오해하거나 해명하지 않는 것도 각자의 자유이고 그 정도로 끝날 관계라면 깨어짐을 받아들여야 한다고 생각하지만, 사실은 관계의 숱한 파탄을 겪어오면서 어느덧 몸에 밴 체념에 불과할지 모른다는 것도 알고 있다.

한때는 친구라 부를 만한 사람이 줄어든다는 걸 느끼면서 쓸쓸해지기도 했으나, 어쩌면 친구가 줄어드는 게 자연스러운 일이고 우정을 오래 유지하는 것이 예외적인 일인지도 모른다. 네덜란드의 사회학자 헤랄트 몰렌호르스트Gerald Mollenhorst의 연구에 따르면 사람들은 7년마다 사회적 네트워크의 절반을 바꾼다. 친구의 반을 잃고, 다시 새로운 친구로 대체한다는 것이다.[9]

나이가 들수록 사회생활의 반경이 좁아지고 새로운 친구를 사귀는 기준이 까다로워지니 친구의 수는 계속 줄어들 수밖에 없다. 나이에 따른 사회적 네트워크 규모의 변화를 조사한 결과, 18세 때는 전화를 건 사람 수가 한 달 평균 12명이었다가 25세 때 18명으로 절정

에 도달하고, 이후로는 계속 감소세여서 80세 때는 약 8명으로 줄어든다는 연구도 있다.[10]

한 달 평균 8명이라…. 난 아직 50대인데도 일 때문에 소통하는 사람들을 제외하고 아무 목적 없이 연락하는 친구는 그만큼도 안 될 때가 많은데 어쩌지 싶다. 나와 내 친구들이 섬세한 소통에 취약해 그렇기도 하겠지만, 지금 이 수준이면 80세 때 내 곁엔 대체 몇 명이나 남아 있게 될까.

친구의 숫자를 손에 꼽아보면서 걱정하다가 에이징 솔로들을 만날 때 당신에게 무슨 일이 생기면 언제든 달려와 줄 친구가 몇 명이나 있느냐고 물어봤다. "10명 가까이"라고 말하는 사람도 있었고, "1명도 꼽기 어렵다"라며 낙담하는 사람도 있었다.

"최소 10명"을 꼽은 김가영은 "그 기준이 꼭 '영혼의 반려자'급이어야 할 필요는 없다"라고 했다.

> "제가 서울에 왔을 때 잘 곳이 없으면 자기 집에 오라고 하는 친구들, 제가 아프면 병원에 와주거나 부모님 아플 때 서로 병문안도 가는 친구들. 그 정도면 됐지 뭘 더 바라나요? 그러려면 함께한 시간이 쌓여 연대감이 잘

형성된 동성 친구들이 필요해요. 제가 꼽은
10명도 다 학창 시절 동성 친구들이에요."

남지원은 20대 때부터 사귄 또래 친구 3명쯤을 꼽다
가 "그런데 정신적 축을 이루는 관계는 다른 데에 있다"
라고 말했다. 제도적 종교에 대한 신뢰가 별로 없다던
그가 특이하게도 종교를 꼽은 것이다.

"종교와 나의 관계가 내 삶을 지탱해 주는 앵커
같은 역할을 한다는 걸, 마흔 넘어 느꼈어요.
특정 종교를 말하는 건 아니에요. 몇천 년간
사람들이 고민해서 기독교든 불교든 종교라는
설명 체계를 통해 삶의 질문에 대한 답과 그
흔적을 정리해 놓았잖아요. 그것에 감사하는
마음이 드는 거죠. 거기에 기댈 수 있거든요.
사람에게 기대하기 어렵거나 너무 많은 말로
멀미가 날 듯한 기분이 들 때 침묵 속에 있으면
내가 혼자가 아니고 더 큰 세상의 품 안에
있다는 생각이 들어요."

그의 말이 흥미로웠는데, 로빈 던바의 책『프렌즈』

에서 저자가 '관계의 핵'에 대해 언급한 대목이 떠올랐기 때문이다.

친구의 수와 관련해 가장 유명한 연구는 인간이 자연스럽게 형성하는 공동체의 규모가 어디에서나 150명에 수렴한다는 '던바의 수'다. 이 수 안에는 여러 층위의 친구들이 포함된다. 원 안에 더 작은 원을 잇달아 그리듯 50명의 '좋은 친구들(파티 친구들)', 15명의 '친한 친구들(저녁 식사에 초대하거나 술집에 같이 가는 친구들)', 5명가량의 '절친한 친구들(기대어 울 수 있는 친구들)'로 좁아진다. 이 중 맨 안쪽의 원, 즉 5명의 절친한 친구가 나이 들수록 집중되는 '관계의 핵'이다.[11] 던바에 따르면 이 '핵'에는 친구, 가족, 반려동물, 푹 빠져 '덕질'하는 가수, 신앙심이 두텁다면 각자가 믿는 신 등이 모두 포함된다. 어떤 대상이든 감정적 친밀감을 품고 자신의 내면에 가장 가깝다고 느끼는 대상이면 상관없다는 것이다. 그러니 "나만 친구가 없어" 하고 좌절할 필요도 없고, 숫자는 잊어도 좋을 것이다. 남지원처럼 영성에 기대는 사람도 있고, 나처럼 넓고 묽은 우정에 기대어 살아가는 사람이 있는가 하면, 내 여동생처럼 좁고 진한 우정으로 충분하다고 느끼는 사람도 있다.

자신에게 친구가 충분한지 아니면 더 필요한지 스

스로 진단하는 방법도 있다. 미국의 심리학자 마리사 프랑코Marisa Franco는 "당신의 정체성 중 일부가 억눌려 있다고 느끼는지를 스스로 살펴보라"라고 조언한다.

> 각각의 친구는 우리 안의 서로 다른 부분을 끄집어낸다. 다양한 친구 그룹과 함께하면서 골프를 사랑하는 자신의 이런 면, 꽃을 사랑하는 저런 면 등 다양한 자신의 특성을 스스로 경험할 수 있게 된다. 만약 당신의 정체성이 위축되고, 당신 스스로 당신답게 느껴지지 않는다면 그것은 다른 유형의 친구가 필요하다는 신호다.[12]

또는 이미 가까운 친구와 관계의 유형을 바꾸어 볼 수도 있을 것이다. 지난해 나는 가까운 싱글맘 친구와 '남부끄러운 아무 말 클럽'을 만들었다. 함께 산책하다가 그즈음 내가 혼자 삭이려 애를 쓰던 일을 우연히 털어놓게 됐는데, 누가 알까 부끄러운 감정을 신뢰하는 친구에게 발설하는 것만으로도 속이 후련해졌다. 친구와 나는 그런 이야기를 나눌 관계가 절실히 필요하다고 의기투합해 회원이 둘뿐인 클럽을 만들었다. 우리는 한 달에 한 번쯤 주말에 만나 브런치를 먹고 숲속을 산책하면서 입 밖에 꺼내기 부끄럽지만 자신에게는 절실한 욕구, 비밀스러운 소망, 자잘하게 신경 쓰이는 사소한 일들에 대한 감정을 서로에게 털어놓았다. 아무 말이나 던지고 숨이 넘어가도록 웃는 것만으로도 일상에 숨통이 트였다.

친구는 저절로 생기지 않는다

혼자 살아가는 에이징 솔로일수록 의식적으로 친구를 만들려 노력할 필요가 있다. 우정은 저절로 생기는 게 아니라 노력해서 만드는 것이다. 우정이 확대되면 신뢰에 근거한 사회적 관계, 즉 사회적 자산이 되고, 사회적 자산 만들기는 솔로들의 삶의 질을 높이는 중요한 방법[13]이다.

김지현은 주변에서 '모임 중독자'라고 불릴 만큼 운영하는 모임이 많다.

> "책 읽는 모임, 냉면 먹는 모임 등등 메인 모임은 3개, 간헐적으로 하는 모임까지 보태면 5~6개쯤 되려나요. 결은 비슷한데 배경이 달라서 서로 음극과 양극의 매력을 느낄 만한 사람들을 골라서 모아요. 인맥이랑은 관계없어요.

저는 인맥이라는 말을 싫어해요. 사람은
상대가 나를 이용하려고 만나는지 아닌지를
다 알아요. 인맥은 사실 이용하려고 만나는
관계인데 저는 그런 건 안 해요. 모임을 만드는
이유는 길게 만나 친해지고 싶은 사람들을
내 주변에 잡아두고 싶어서죠. 살면서 수많은
사람을 만나는데, 몇 년 지나면 손가락 사이를
빠져나가는 모래알처럼 사라져 버리니까요."

정수경은 취미와 관심사에 기반해 계속 모임을 만들거나 참여한다. 그는 자신이 "좋아하고 관심사를 같이 추구할 수 있는 사람들을 계속 묶어놓으려고 굉장히 노력하는 편"이라고 했다. 새로 만난 사람과 대화를 나누다 공통 관심사를 발견하면 "단체 대화방을 파고 정기적으로 만나 정보 교류를 할 틀"을 만든다. 그렇게 미식 모임, 투자 모임 등을 만들었다. 모르던 사람들이 관심사라는 공통점 하나로 모이지만, 그렇다고 관계가 다 얕지는 않다고 했다.

"모이다 보면 통하는 순간들이 있어요. 나와
네가 만나는 순간이. 그렇게 계속 서로 간

보면서 맞춰가고 관계를 넓혀가는 거죠. 그러다 좋은 친구가 된 사람이 가까운 데 살면 그야말로 최고인 거고요. 서로 이해하고 처지도 비슷하면 아플 때 서로 돌보면서 평생 그렇게 살 수 있지 않을까요? 그런 관계가 만들어진다면 상대가 도와달라고 요청했을 때 제가 딱히 그 사람이 착취적이라고 느끼지 않는 한 돌봐주러 갈 것 같아요. 나를 불러줘서 고맙다, 그런 마음으로."

많은 사람에게 좋은 친구는 '조건 없는 긍정적인 관심'의 주요 원천이다. 우정에 대한 세간의 가장 큰 오해는 우정이 낭만적 사랑보다 덜 중요하다는 통념인데, 그렇지 않다는 것을 에이징 솔로는 경험으로 안다.

나는 언젠가 친구를 만나고 집에 돌아오던 밤, 그와 함께 있을 때의 내 모습이 내가 스스로에 대해 느끼기를 바라는 나의 가장 좋은 모습인 것만 같아서 문득 발걸음을 멈추고 혼자 빙그레 웃었던 기억이 난다. 평소 무덤덤하고 띄엄띄엄 만나는 거야 아무래도 좋았다. 좋은 연인이 그렇듯 좋은 친구도 '최상의 나'가 진짜 나인 것처럼 느끼게 해준다. 혼자 살아가는 사람들에게는 더욱 그렇다.

4. 타인에게 기대어 마을에 뿌리내리기

다양한 방식으로 친구들과 함께 삶을 꾸려나가는 비혼 여성이 점점 늘어나고 있다.

가장 유명한 사례는 책 『여자 둘이 살고 있습니다』로 널리 알려진 두 친구일 테지만, 공개적으로 비혼 관련 논의를 확산시키면서 친구들과 느슨한 유대 관계를 맺고 함께 살아온 비혼 여성들을 꼽자면 아마 전라북도 전주시의 1인 가구 네트워크 생활공동체인 '비비'('비혼들의비행'의 줄임말)가 첫손에 들지 않을까 싶다.

20년간 비비가 걸어온 길을 보면, 비혼으로 살아가기를 고민하는 여성들이 이렇게 살 수 있으면 좋겠다고 한 번쯤 상상해 보는 경로들을 착착 현실로 만들어 낸 모범 답안 같다. 비비는 2003년 30대 비혼 여성 6명 안팎이 모여 만든 전주여성의전화 소모임 '비혼들의비행'에서 비롯되었다. 함께 공부하고 여행하고 같이 놀면서 가까워진 이들은 2006년부터 같은 공공임대아파트에 1인 가구 이웃으로 모여 살기 시작했다. 40대를 앞둔 2010년에는 더 많은 비혼 여성과 만나기 위해 여성생활문화공간비비협동조합(이하 '공간비비')을 만들었다.

2016년 협동조합으로 전환한 공간비비에서 50여 명의 여성은 비혼·기혼 가릴 것 없이 함께 글을 쓰고, 운동하고, 주거 독립이나 부모 돌봄 등 관심사를 토론하며 혼자 잘 살아가는 힘에 관해 이야기를 나누어 왔다. 그러는 동안 같은 아파트로 이사 와서 이웃이 된 비혼 여성이 23가구로 늘어났고, 이들은 마을회관 같은 공간비비를 중심으로 홀로 그리고 함께 느슨한 연대를 이루어 살아간다.

단계별로 활동을 확장해 온 비비의 실행력도 놀랍지만, 20년간 이 네트워크가 유지될 수 있었던 비결이 궁금했다. 좋은 뜻으로 의기투합해도 상처를 가득 안은 채 금이 가고 깨지는 관계들이 얼마나 많은가. 결혼, 가족과 같은 제도로 꽁꽁 묶여 이해관계가 얽힌 사이가 아닌데도 남남인 사람들이 긴 세월 어울려 누구보다 가까운 관계가 되는 어려운 일을 비비는 그 오랜 기간 어떻게 해온 걸까.

공간비비는 전주시를 가로지르는 전주천 근처 대로변 상가 3층에 자리 잡고 있다. 식당과 노래방, 피부관리실의 어지러운 간판들이 전면을 가린 건물이지만 공간비비에 들어서면 따뜻하고 아늑한 환대의 기운이 방문자를 맞이한다. 내가 갔을 때 공간비비의 상근자들인 마을(51), 주얼(48), 봄봄(50)은 노후의 주거 공동체를 위한 사회적 협동조합 설립을 준비하느라 바빴다. 이 노후 주거 공동체 이야기는 뒤에서 따로 다루도록 하겠다.

이들은 같은 아파트 이웃이기도 한데, 비비 공동체의 일상이 어떻게 굴러가는지는 봄봄이 여성주의 저널 《일다》에 직접 쓴 글 〈세상 가벼운 '땡큐'를 주고받는 비혼 공동체〉[14]에 잘 묘사되어 있다.

봄봄은 자신이 사는 아파트 베란다 밖으로 비비 구성원들(이하 '주민')이 사는 동이 보이는 것만으로도 안전하다는 느낌이 든다고 한다. 비비는 주민들에게 무슨 일이 생기면 119보다 빨리 출동하는데, 얼마 전에는 마을과 주얼이 한밤중에 갑작스러운 복통을 호소한 한 주민을 응급실로 데려간 적도 있다. 상근자 3명이 모두 코로나에 걸려 각자의 집에서 자가 격리를 할 때는, 날마다 주민들이 문 앞에 김밥이며 딸기, 고구마 등을 놓고 가고 안부를 물었다. 차가 없는 봄봄이 어머니를 병원에 모시고 가야 하는데 택시가 잡히지 않던 어느 아침에는, 차가 있는 다른 주민이 데려다주러 집을 나섰다. 봄봄은 아파트에서 걸어서 10분 거리인 공간비비로 출근한다. 온갖 모임이 열리는 이곳에는 모임이 아니어도 가끔 프린트하러 오거나 별일 없이 들러 안부를 묻고 맛집 정보를 공유하는 주민들도 있다. 봄봄의 다정한 글은 이렇게 끝난다.

> 우리가 서로에게 세상 가까운 부탁을 청하고
> 우리가 서로에게 세상 가벼운 땡큐를 날리고
> 오늘은 도움을 줬다가 내일은 도움을 받았다가
> 그리 살면 되지 않을까.[15]

규칙 없이 동그랗게 굴러가는 모임

서로 다른 사람들이 어울려 지내려면 필요한 게 규칙이라고 생각하기 쉬운데, 비비의 독특한 점은 규칙이 없다는 것이다. 임대아파트에 사는 비혼 여성 1인 가구가 아파트 전 세대의 2%를 넘기면서 아파트 주민 모임 단체대화방을 열었는데, 여기에도 규칙이나 회비, 의무, 정기적 모임이 없다. 그저 이웃이라는 정도의 거리감을 유지하며 살아간다. 아무 규칙도 없는 이 공동체가 어떻게 굴러가는지를 이해하려면 비비의 세 겹 구조를 먼저 알아야 한다.

세 겹의 동심원을 그린다면 그 핵심에 있을 비비는 2003년부터 지금까지 6명이 모여 있는 공동체다. 이 모임을 기반으로 만든 더 넓은 원인 공간비비에는 비비의 6명을 포함한 11명의 조합원이 있고, 50여 명의 이용 회원이 자유롭게 드나든다. 그리고 가장 느슨한 점선 같은 원에는 같은 아파트 이웃 23명으로 구성된 주민 모임이 있다. 이들 중에는 공간비비의 회원인 사람도 있고 아닌 사람도 있다. 비비, 공간비비, 아파트 이웃 중 자신의 필요에 따라 누구는 3개의 원 모두에, 누구는 1~2개의 원에만 걸쳐져 있다. 누구는 밀접하게 누구는 느슨하게 걸쳐져 있지만 그렇다고 자격이나 권리가 다르지는 않다.

봄봄은 "아파트 주민 모임도 단체 대화방에 모이는 사이일 뿐 의무적으로 참여해야 하는 행사가 없어서 23명 중 서로 모르는 사람도 있다. 다만 그중 누구든 공간비비의 1명과는 아는 사이"라고 설명했다.

서로 아무것도 간섭하지 않고, 얼마나 기여하는지 따지지 않는데도 네트워크가 유지되는 비결은 뭘까. 그 가운데 비비가 있어서다.

"규칙이 없어도 네트워크가 돌아가는 이유는 '늘 대답할 준비가 되어 있는 사람들'이 가운데에 있기 때문이고 그게 비비인 거죠. 같이 어울려

살려면 '반응할 줄 아는 것'이 중요하다고
생각해요. 누군가 문제를 이야기하고 질문을
하면 어떤 상황이라도 공간비비의 상근자인
우리 셋 중 하나가 그 문제에 대답했고, 작은
이슈도 관리사무소와 조율하면서 전체의
문제로 환원해 해결하는 것을 직접 봤으니까,
모이라고도 하지 않고 돈을 내라고 하지도
않는데 이 네트워크가 작동한다는 걸 느끼는
거죠. 안전하게 같이 살고 있다는 감각을 갖게
되는 거고요." (마을)

그럼 세 겹의 원 한가운데에 있는 비비는 어떻게 그
렇게 긴밀해졌을까.

"6명의 비비 회원 사이에도 회비 납부와 월 1회
정기 모임 말고는 아무런 규칙이 없어요. 하지만
거의 20년을 같이해 오며 생애주기를 함께
넘겼고, 각 개인의 역사와 가족을 다 알면서
서로의 맥락을 꿰고 있고, 어떤 일이 있어도
흔들리지 않는 신뢰가 있죠. 가끔 서로의 영역을
침해하는 것도, 다른 사람들과는 어렵지만

우리끼리는 가능해요. 이 6명 안에서는
자신의 혈연가족을 따로 구성하지 않아도 되는
안정감, 편안함, 함께 살아간다는 유대감이
있어요."(봄봄)

이들이 처음부터 아는 사이는 아니었다. 어떻게 모
였는지 이야기를 듣다 보니 6명의 공통점은 당시 "모두
직장을 다니던 30대 비혼 여성"이라는 것과 "모임을 만
들자고 제안한 '마을'과 아는 사이"라는 것 두 가지였다.
2003년 전주여성의전화 사무국장이던 마을이 비혼 여
성 소모임을 만들면서 아는 사람을 알음알음 모아 시작
된 것이다.

"3개월 동안 1명씩 인터뷰해서 사람을 모았어요.
같은 여성단체에서 일하던 친구, 영화 모임에서
만난 친구, 학교 후배 등등을 만나서 모임을
하자고 제안했죠. 공통점은 다 제가 좋아하는
사람들이라는 것뿐이에요. 주변에 모임을
어떻게 만드냐고 물어보는 사람들이 있는데,
저는 멀리서 찾지 말고 좋아하는 사람과 하라고
말해줘요. 내가 좋아하는 사람과 모임을 하면

그 사람을 위해 무언가를 접을 수도 있고
어떤 행동을 해도 받아줄 수 있지만, 그렇지
않으면 그냥 헤어지고 말지 굳이 그걸 참아줄
필요가 없다고 생각하게 되니까요. 비비가
처음 모였을 땐 내가 좋아하는 사람들이라는
공통점뿐이었는데, (사람이 늘면서는) 모르던
사람들끼리 서로 존중하면서 서서히 알아가고
공부와 여행을 통해 그 과정을 함께하면서
신뢰를 형성할 수 있었어요." (마을)

생각과 가치관이 같은 사람들만 모인 것도 아니었
다. 마을은 여성운동을 하던 활동가였지만 봄봄은 "여
성주의가 싫다고 했던 사람"이다.

"비비를 하기 전의 제 삶은 여성단체에서
활동하던 마을 언니의 접촉면과 많이 달랐기
때문에 여성주의가 생경했어요. 그런데 그런
게 전혀 문제가 되지 않았어요. 제가 속도가
느린 편인데 이 모임에선 느려도 괜찮았어요.
여기선 느린 나를 그냥 봐주더라고요. 그런
상대에 대한 믿음이 생기니까 제 속도에 맞춰

인식도 달라지고 정체성도 서서히 형성됐죠. 긴
시간이 큰 역할을 한 것 같아요. 마을 언니가
선제적 고민을 하는 건 맞지만 각자 어떤
역할이든 하려고 노력하기 때문에 언니가 혼자
다 감당하지 않아도 되고, 어떻게든 동그랗게
굴러가는 게 가능했어요." **(봄봄)**

봄봄은 "비비에서는 한 사람이 모든 것을 처음부터
끝까지 다 해결하지 않는다"라고 설명했다. 엠티를 자
주 가는데, 어느 날 보면 미리 논의하지 않았는데도 각
자의 역할을 알아서 행하는 모습을 발견하고는 한다. 일
정과 계획 짜는 사람, 장 보는 사람, 요리하는 사람, 설
거지하는 사람 등등 각자 자기가 할 수 있는 부분을 찾
아서 각자의 일을 해낸다. 다들 어떻게든 서로 반응하고
응답하면서 자기 역할을 하려고 하니까 가능한 일이다.

가족보다 긴밀한 너와 나

비비의 초기 단계에는 계획이 많았고 주로 같이 책을
읽었지만, 한 달에 한 번씩 모이는 만남이 거듭될수록
자신이 겪는 어려움, 고민을 이야기하는 것에 집중하게

되었다. 서로 멘토링을 해주고, 번개를 해서 같이 영화를 보고, 생일에 만나서 맛있는 음식을 같이 먹고, 계절마다 여행을 다니고, 명절에 해외여행을 같이 가면서 서서히 가까워졌다.

2006년에는 공공임대아파트에 마을이 입주하면서 주거 독립을 꿈꾸던 비혼 여성들이 이곳으로 모이기 시작했다. 50년 거주가 가능한 공공임대아파트에 마을이 입주할 때만 해도 선발 기준이 무주택과 청약기간뿐이라 1인 가구가 입주하기에 큰 장벽이 없었다고 한다. 비비는 입주 공고가 날 때마다 서로에게 재빠르게 알려주고, 임대아파트 신청에 필요한 정보와 절차를 공유하고, 보증금이 부족하면 비비 회비로 충당했다. 누가 새로 이사 들어오면 '청소 용역단'이 출동해 도와주면서 이웃이 되었다. 그렇게 3년 만에 4명이 같은 아파트에 입주했다고 한다.

2010년 공간비비를 만들 때는 마을과 주얼, 봄봄 3명이 다니던 정규직 직장을 정리하면서 상근자가 되었다.

> "소비 규모도 줄이고, 이 공간을 운영하면서
> 막연히 생각만 해보던 대안적 방식의 삶을
> 살아보기로 한 거죠. 공간비비의 조합원비나

회비로는 공간 운영만 겨우 되는 정도예요.
나머지는 우리가 강사활동이나 외부 용역으로
번 돈으로 충당하는데 개인의 활동은 전부
공동의 수입으로 관리합니다. 경제 공동체나
마찬가지죠." (주얼)

공간비비에서 이들의 주거 독립 과정 이야기를 들은 비혼 여성들이 아파트에 점점 더 모여들면서 함께 사는 비혼인 이웃이 23가구로 늘어나게 되었다.

비비가 30대에 처음 만나 50대가 되어 여성 노인 주거 공동체를 준비하기까지 어떻게 성장해 왔는지 이야기를 듣다 보니, 이들은 함께 잘 살 수 있는 터전을 만들어 살면서 같이 정체성을 다듬고, 달라지는 생애주기를 함께 겪으며 삶의 파도를 넘어가고 있다는 생각이 들었다. 결혼, 출산, 자녀의 취학, 졸업, 취업에 맞추어 부부의 생애주기가 변하듯 말이다. 가족 같으면서도 가족 같은 성격에 국한되지 않는 비비의 특징에 대해 마을은 다른 연구에서 다음과 같이 말했다

"가족이란 말 말고 다른 말이 있었으면
좋겠는데, 그런 단어가 없는 게 아쉬워요.

가족에 비교하자면 가족보다 더 긴밀한 게
비비인데. 혈연적인 의미를 떼놓고 봐서는
사실 어느 부분에서는 가족 같은 게 분명해요.
그런데 가족이라고 표현하기에는 한정적인 것
같아요. 가족이라 칭하기엔 친구 같고, 친구
같다고 말하기에는 너무 가족 같고, 또 그렇다고
말하기에는 동지적인 측면이 있잖아요. 미래를
같이 준비해 가는 사람이니까. 저에게는
가족보다는 훨씬 더 큰 개념으로 자리 잡은
것 같아요. 비비를 중심으로 미래를 상상하기
때문에. 우리 대부분은 원가족에게 잘하거든요.
그럼에도 불구하고 미래는 여기(비비)를
기반으로 상상하고 있는 거죠."[16]

서로의 꼴을 봐주는 공동체

이들은 비비가 크고 작은 일을 함께 겪어가며 긴 세월
유지될 수 있었던 힘으로 "공부와 돌봄과 여행"을, 그중
에서도 "공부와 돌봄의 결합"을 꼽는다.

"비비의 한 친구가 암 투병을 하게 됐는데

그때부터 아픈 몸으로 사는 것을 주제로 같이 공부하기 시작했어요. 친구를 이해하고 함께 살아가기 위해 하는 공부였죠. 사실 가족이 병에 걸리면 공부를 해가면서까지 이해하려고 하지 않을 텐데, 공동체 구성원이 아프니까 그것이 무엇인지 공부하게 되더라고요. 아픈 친구가 자기 삶에 대해 생각하는 범위와 경험이 우리와 다른데, 아프지 않은 다른 사람은 '아프면 병원에 가서 수술받고 나온다'와 같이 단순하게 생각하다 보니 아픈 몸으로 일상을 살아가는 것이 어떤 경험인지를 몰랐던 거죠. 모르면 아픈 친구에게 점점 더 공감하기 어렵고 '정상'을 자꾸 요구하게 될 수도 있고요. 그래서 병원에 같이 가고 돌보는 수준을 넘어서서 같이 공부하기로 한 거예요. 시간이 좀 지난 뒤엔 다른 친구가 부모 돌봄을 하게 됐는데, 이번에도 부모 돌봄을 같이 고민하면서 공부하고 이걸 담론으로 만들 방법을 생각해 보고 하는 식이었죠. 각자의 생애 경험이 그냥 개인의 경험으로 끝나는 게 아니라 우리의 경험이 되고, 함께 문제를 극복할 방법을 만들면서

지내왔다고 할까요." (마을)

마을의 이야기를 들으며 몸이 서서히 데워지듯 잔잔한 감동이 차올랐다. 비비에서는 누군가 아프면 중도 하차하고 아프지 않은 사람들이 먼저 가는 게 아니라, 같이 멈춰 서서 아픈 친구의 일상을 이해하려 공부하며 애쓰고 서로 돌본다. 누군가 부모를 돌보는 부담이 늘어나면 공동체에서 빠지는 게 아니라 '부모 돌봄 자조 모임'을 만들어 서로의 고통을 나누고 위로한다. 그렇게 서로를 부축하고 서로에게 기댄다.

봄봄은 "비비의 가장 중요한 원칙은 모임으로서 우리가 무엇이 되어야 한다가 아니라 각자 자신이 '무엇을 하고 싶은지'에 집중하는 것, 그리고 그 과정에서 비비는 서로 격려하고 지지해 주는 안전한 관계, 안전한 공간의 역할을 하는 것"이라고 했다. 그는 이를 "서로의 꼴을 봐주고 사는 공동체"라는 한마디로 명쾌하게 요약했다.

서로의 꼴을 봐주는 것. 서로 신세 지는 것을 받아주고 나도 그럴 수 있다고 생각하는 마음. 혼자서 오래 살아온 솔로에게는 다소 어렵게 느껴지는 마음이다. 예컨대 나는 남에게 폐 끼치는 상황을 극도로 꺼린다. 누구에게 무엇을 도와달라고 요청하거나 부탁하는 게 어렵고 싫어서 어지간한 일은 혼자 해결하는 데에 이골이 났다. 그러다 어느 날 문득 깨달았다. 내가 남에게 폐를 끼치거나 부탁하는 것을 싫어하는 만큼 다른 사람이 나에게 폐를 입히는 상황이나 부탁해 오는 것, 심지어 다른 사람에게 무언가를 받는 것조차 꺼린다는 사실을. 이야말로 '인색한 사람'의 정의가 아닌가. 나는 스스로 나와 타인 사이에 넓은 거리가 필요한 성향일 뿐이라고 생각해 왔지만, 나도 모르게 영화 〈크리스마스 캐럴〉 속 '스크루지 영감'을 닮아가고 있을지 모른다고 생각하니 소름이 쫙 끼쳤다. 달라지려고 애를 쓰지만 긴 세월 몸에 밴 습성을 바꾸는 일이라 내게는 쉽지 않다.

그런 점에서 "폐 끼치고 다른 사람이 내게 기댈 수 있는 여지를 만드는 것에는 훈련이 필요하다. 그건 정말 연습이 필요한 일"이라는 주얼의 말에 크게 공감했다. 마을도 "특히나 1인 가구로 오래 살아온 사람이 못하는 말이 '도와줘'라는 말"이라며 거들었다.

> "비비를 운영하면서도 우리가 늘 도우면
> 도왔지 다른 사람에게 도와달라고 청하는
> 입장에 처해본 적이 별로 없어서 그 말을

하기가 어려워요. 하지만 도와달라고 말하면서 살아오지 않아서 그렇지, 도와달라고 하면 누구라도 도와준다고 생각해요. 도와달라고 말할 줄 아는 것이 도와줄 사람이 있느냐 없느냐를 따지는 것보다 훨씬 중요한 거죠. 그런 게 자기 돌봄이라고 생각해요. 성향에 따라 다르기도 하니까 너무 노력할 필요는 없지만 적어도 받을 줄은 알아야 해요. 도와달라고 말할 수 있는 관계가 누구에게나 필요하고, 누군가 손을 내밀고 나를 도와주려 할 때 감사하게 받을 줄 아는 것도 공동체 정신 중의 하나라고 생각해요."

나는 꽤 오랫동안 독립적으로 살아가고 1인분의 삶을 스스로 감당하는 게 굉장히 중요하다고 생각해 왔는데, 그것이 혼자서 모든 것을 알아서 하는 삶을 의미하는 거라면 독립을 협소하게 바라보는 태도라는 생각이 요즘에야 든다.

얼마 전 『이웃집 퀴어 이반지하』를 읽다가 작가 이반지하가 "내가 정말 1인분을 다 할 수 있었으면 사회가 필요 없다"라고 단호히 쓴 부분도 생각났다.

우리는 순간순간 어떨 때는 0.8인분, 또 다른
상황에서는 내 깜냥으로 1.5인분을 할 때도 있는
거예요. 그렇게 얽혀서 사는 것이지, 지금 당장
내가 1인분인가 아닌가 꼭 그렇게 따질 필요는
없는 것 같아요. 순간순간 관계에 따라서 내
역할도 계속 바뀌는 것이기 때문에.[17]

혼자 사는 것은 가능하지만 역설적으로 혼자서만
살아가기란 불가능하다. 관계 속에서 살아가려면 비비
구성원들의 말마따나 "서로 꼴을 봐주고", "폐 끼침을
주고받는" 연습이 필요하다. 내가 잘하지 못하는 일이
지만 꼭 연습해야 한다고, 비비를 만나고 돌아오는 길에
노후 계획 1번으로 마음에 새긴 일이다.

친구에 기대어 마을에 뿌리내리기

비비처럼 긴밀하게 엮여 있지 않더라도 친구에게 기대
어 마을에 뿌리내리는 사람도 있다.

2022년 10월 말, 서울시 은평구의 어느 빵집 겸 책
방에서는 '빵과 수프, 1인 가구와 함께하기 좋은 날'이라
는 이름의 작은 행사가 열렸다. 빵집의 빵과 못생겨서

팔리지 않은 채소로 끓인 수프를 나눠 먹으며 1인 가구의 식탁을 들여다보고, 각자 삶의 기술을 공유하자는 취지로 마련된 자리다.

이 행사를 기획한 김연진(42)은 자기 돌봄의 최우선은 자기 밥상을 직접 차려 먹는 것이고, 자신만의 생존 노하우가 담긴 쉬운 요리법처럼 시간을 들여 터득한 삶의 기술이 몸과 일상을 견고하게 만들어 준다고 믿는 사람이다.

처음부터 그랬던 것은 아니었다. 대학교에 들어오면서 서울생활을 시작했던 그는 이모네 집에서 살다가 30대 초반 번화가의 원룸 오피스텔로 독립했는데, 방에서 문을 열면 바로 바깥세상인 곳에서 마음 둘 곳은 전철역 앞의 드러그스토어밖에 없었다고 한다. 퇴근하고 집에 돌아오면 밥하는 것조차 힘들고 피곤했다. 회사가 메인이고 집에 돌아오면 원룸에 갇히는 느낌이라 답답했다. 그 뒤 여러 직장과 동네를 거쳐 은평구에 위치한 직장 근처로 이사를 와서도 집과 직장만 오가느라 동네는 눈에 들어오지 않았다.

동네가 달리 보이기 시작한 것은 그가 우연한 계기로 친구들과 텃밭을 가꾸기 시작하면서부터다.

"전부 비혼이고 또래인 여행 친구들이 있어요.
30대 중반부터 싱글의 숨통은 남의 나라 공기
마시는 거라면서 같이 여행을 다녔고, 많게는
1년에 네다섯 번 간 적도 있어요. 그런데
코로나19로 여행이 막혔잖아요. 다들 막
미쳐버리겠다고 이야기하다가 한 친구가 불쑥
텃밭을 가꿔보자고 제안한 거예요. 평소 생태
환경에 관심을 보였던 친구도 아닌데 여행을 못
가니까 뭐라도 하자고."

그렇게 2020년 서울시 근교에 3평 텃밭을 분양받
아서 일주일에 한 번씩 누가 되었든 가서 텃밭을 돌보기
시작했다. 하반기에는 배추와 무를 심었고 친구네 집에
모여 1박 2일 동안 김치를 담갔다. 난생처음 해본 김장이
너무 재미있어서 겨울에는 다시 모여 유자청을 담갔다.

"예전엔 일터의 스트레스가 집까지 고스란히
묻어 와서 먼지처럼 쌓이는 느낌이었는데,
텃밭에 모여 흙이랑 풀을 만지고 잡초를
뽑고 있으면 그 자체가 힐링이더라고요. 비가
오면 비 온다고 좋아하고, 가물면 가물었다고

걱정하고. 그렇게 우리가 같이 텃밭을
돌봤어요. 같이 김장도 하고 서로 일상을
파고드는 경험을 하면서 우정이 깊어진다는
느낌이 들었어요. 뿌리내리는 기분이 어떤
것인지 알 것 같더라고요. 셋 다 온전한
성인인데도 결혼하지 않았다는 이유로 온전하지
못하다는 취급을 받고 어디에도 뿌리내리지
못하는 기분이었는데, 이 3평짜리 텃밭에서
뿌리내린다는 느낌을 갖게 된 거죠."

그러다 그는 2021년 일하던 비영리기관을 퇴사했
고, 그즈음부터 마을이 눈에 들어오기 시작했다고 한다.
바리스타 자격증을 따고 빵 만들기를 배워 일주일에 하
루씩 빵집에서 일하게 됐는데, 이 공간을 운영하는 사장
이 벌이는 다양한 지역활동을 눈여겨보기 시작했다. 동
네에 단골 꽃집, 커피 드립백을 살 단골 카페, 아는 얼굴
들이 있는 빵집, 아는 사장님이 있는 동네 세탁소, 익숙
한 얼굴이 맞아주는 동네 마트가 생겼다. 은평구에는 비
혼 여성주의자들이 주축이 되어 만든 살림의료복지사
회적협동조합이 있다. 그는 조합원으로 슬쩍 발을 걸치
고 있는 정도지만 "나와 같은 여성들, 언니들과 안전하

게 관계 맺을 수 있는 기반이 마을에 있다는 것"에 안정 감과 자부심을 느낀다.

그는 이 경험을 "마을이 내게 들어왔다"라고 표현했는데, "물리적 공간과의 관계 맺기" 덕분에 이 경험이 가능했다고 생각한다.

"친구들과의 관계가 텃밭에서 물리적
공간과의 관계 맺기로 이어지고, 이 경험이
마을에서 익숙한 얼굴들과 맺는 느슨한 관계로
확장되면서 마을에 비빌 언덕이 하나둘씩
늘어났어요. 비혼 여성이 안전하게 나이 들어갈
수 있는 곳은 방범용 CCTV가 많은 동네가
아니라, 골목골목 익숙한 얼굴들이 많은
동네라는 생각이 들어요."

관계가 단단해지고 마을에 뿌리내린다는 생각을 하면서 그는 자신이 바뀌어 가는 걸 느꼈다고 했다.

"2022년 7월에 코로나에 확진됐는데 집에
비타민이 하나도 없는 거예요. 텃밭을 같이
가꾸는 친구가 광명에 사는데 자기 집의

비타민을 다 싸 들고 은평구까지 와서 우리 집
문에 걸어놓고 갔어요. 다른 친구도 택배로 뭘
잔뜩 보내고요. 그런데 예전 같았으면 '아냐,
괜찮아, 오지 마' 했을 텐데 이번엔 친구가
온다고 하니까 '그래, 와줘'라고 대답했어요.
제게는 그게 큰 변화예요. 제가 기댈 수 있게
된 거죠. 우리가 여행 친구에 그쳤더라면 그런
말들을 하기 어려웠을 텐데, 텃밭을 같이
돌보면서 우정이 깊어졌고, 어느 시점에는
각자의 집을 돌면서 친구가 해주는 걸 그냥 다
받아먹고 와도 마음이 편해지더라고요."

　　"괜찮아, 오지 마"가 "그래, 와줘"로 바뀌었다는 말.
나는 이 말이 묘하게 감동적이었다. 자율과 독립을 가치
선반의 가장 높은 자리에 놓고 살아오던 사람이 굳건하
게 믿는 상대에게 자신의 약함을 인정하고 순하게 기대
는 말, 로맨틱한 관계가 아니어도 가능한 사랑의 고백
처럼 들려서였다. 아직 "괜찮아, 오지 마" 세계의 거주자
인 나도 언젠가는 "그래, 와줘"의 세계로 건너갈 수 있
게 될까. 그럴 수 있는 마음의 징검다리를 스스로 만들
어 낸 그가, 문득 부러워졌다.

3장
홀로 외롭게
나이 든다는 거짓말

― 생계, 주거, 돌봄, 죽음을 준비하는 비혼의 상상력

1. 스스로를 먹여 살리는 일

"사람들이 독신생활을 경멸하는 것은 오로지 가난 때문이야."

제인 오스틴은 소설 『엠마』를 200여 년 전에 썼지만, 엠마의 말은 시대에 뒤떨어졌다고 무시하기 어려운 가시를 담고 있다. 가난한데 혼자 사는 삶의 신산스러움이 어디 옛일일 뿐이겠는가.

모든 성인의 과제인 돈벌이가 에이징 솔로에게는 단순한 생활 방편을 넘어 존재의 확인과도 같다. 자신이 돈을 벌지 않으면 '혼삶'이 불가능하기 때문이다. 기혼 여성은 배우자에게 잠깐 의지할 수도 있고 자녀 양육을 하면서 보람을 느낄 기회도 있겠지만, 에이징 솔로는 돈을 벌지 못하면 자존이 흔들릴 정도로 타격이 크다. 노부모 부양까지 해야 하는 처지면 상황은 더 심각해진다.

혼자 산다고 해서 돈 쓸 일이 다인 가구의 절반 이하로 줄어드는 것도 아니다. 예컨대 통계청이 집계한 「가구원수별 가구당 월평균 가계수지」를 보면 2022년 3분기의 경우 1인 가구의 경상소득은 월평균 287만 5,282원, 가계지출은 월평균 222만 6,508원이었다. 2인 가구와 대비하면 소득은 66%, 지출은 68% 수준이다. 소득과 지출 모두 N분의 1로 줄어들지 않지만 지출의 감소 폭이 더 적다. 지출 중 고정비용인 주거·수도·광열비는 1인 가구의 경우 월평균 26만 300원으로 2인 가구(25만 5,673원)와 엇비슷했다. 방에 불을 켜면 사람이 몇 명이 있든 전기료는 똑같이 드니 당연한 결과다. 미국에서도 커플이 같이 살 때와 각각 따로 혼자 살 때의 생활비를 비교해 보니 혼자 사는 살림이 같이 사는 것보다 28% 더 비싸다는 연구가 있었다.[1]

내가 만난 에이징 솔로는 모두 돈벌이를 하고 있었다. 이들은 대화 도중 "내가 나를 먹여 살려야 한다", "내가 우리 집의 가장"이라는 말을 자주 했다. 다들 최소 10년 이상 돈벌이를 해왔기 때문에 현재 생활은 그럭저럭 꾸려나갈 수 있지만, 정도의 차이는 있어도 모두가 노후에 대한 불안을 갖고 있었다.

『희망을 버려 그리고 힘내』를 쓴 김송희는 1인 생활자로서 갖는 가장 큰 공포가 "늙어서 폐지 줍는 노인이 되는 것"이라고 했는데, 가난한 독거노인이 될까 봐 두려워하는 솔로는 그 혼자만이 아니다. 정도의 차이는 있지만 에이징 솔로들 다수가 불안에 사로잡혔을 때 한 번쯤은 떠올려 봤을 음울한 상상일 것이다.

    KB금융지주 경영연구소가 펴낸 「2020 한국 1인 가구 보고서」에서도 1인 가구의 가장 큰 우려는 미래 경제활동의 지속 가능 여부였다. 현재 생활에 대한 우려는 예년보다 완화되는 경향에도 불구하고 은퇴 이후 살아갈 날들에 대한 걱정은 매년 더 커졌다.

더 오래 일하는 방법 찾기

에이징 솔로 중에는 혼자 사는데 돈벌이까지 불안정해지는 상황을 피하려고 일찌감치 안정적 직종으로 옮긴 사람들이 있었다. 김다임은 여성단체 상근활동가로 일하다가 안정성을 위해 40세에 시험을 치러 공무원이 되었다. 송미영은 30세에 다니던 회사를 그만두고 수학능력시험을 다시 봐서 약대에 갔다.

    안정적 직종으로 이직을 준비하는 동안 돈벌이가 중단되는 상황을 감당하기 어려운 솔로는 여러 종류의 자격증을 땄다. 이주원은 요양보호사, 복지원예사 자격증을 갖고 있고 사회복지사 자격증을 따려고 준비 중이다. 강미라는 사회복지사, 손해보험설계사, 반려동물관리사 자격증을 갖고 있고, 내가 만날 무렵에는 한국어교원 2급 자격증을 따려고 공부하고 있었다. 자격증 자체가 보장해 주는 미래가 없고 실제로 활용한 적도 없지만, 그는 "자격증이 당장 쓸데는 없어도 앞날이 막막하게 느껴질 때 내겐 다른 길도 있다, 다른 방식으로 충분히 살 수 있다는 자신감을 끌어올리는 데에 도움이 된다"라고 했다.

은퇴를 앞둔 거의 모든 이들이 그렇듯, 에이징 솔로도 노후 대책으로 더 오래 일할 방법을 찾는다. 자영업을 하는 최은주는 "이혼 전에는 60세가 되면 일을 그만두겠다고 생각했는데 이혼하고 난 뒤부터는 70세까지는 일해야 한다는 쪽으로 생각이 바뀌었다"라고 했다.

> "제가 좀 못 벌어도 기댈 데가 없고 저
> 혼자 벌기 때문에 둘이 버는 사람보다 자산
> 축적도 느릴 거잖아요. 주변을 둘러봐도 제
> 또래 혼자 사는 여자들의 직업은 대기업
> 정규직보다 비정규직, 자영업이 많은 것 같아요.
> 대기업에서도 여자들은 과장급에서 끝났거나
> 오래 못 가니까요. 비혼 여성이 주로 불안정한
> 직종에서 많이 일하고 있어서 안정성도
> 떨어지고, 일도 오래 해야 하는 상황이에요."

정규직 직장에서 노조 파업으로 해고된 뒤 예술계에서 계속 비정규직으로 일해온 김가영은 "내가 일을 못 하는 순간 독립적으로 살 수 없다는 공포"가 늘 있다고 했다. 속칭 명문대를 졸업한 그는 "학벌로 다른 방식의 일자리를 구하려면 불가능하지는 않았겠지만 내 삶을 생존에만 바치면서 살고 싶지 않아서" 경제적으로 어려워도 자신이 사랑하는 예술계를 떠나지 않았다.

운영하던 회사가 망하고 일이 없던 2년여간은 한 달에 한두 번 들어오는 강의를 다니고 매체에 기고를 하며 한 달에 100만 원 안팎으로 살았다. 다행히 그는 부모와 자매들이 나눠주는 반찬과 쌀이 있어 생활비는 크게 들지 않았다고 한다.

> "만약 객지에서 혼자 살고 아무 도움을 받지
> 못하는 상황이었다면 전 못 살았을 거예요.
> 혼자서만 살아가지 않아도 되는 네트워크에
> 속해 있어야 혼자의 삶도 운영할 수
> 있더라고요."

그는 "끝도 없는 비정규직 공채 인생을 사는 중인데 나이 들수록 실무를 하기도 어렵고, 책임자를 계속한다는 것도 비현실적이라 예순 이후의 지속 가능한 돈벌이 방식을 고민 중"이라고 했다. 예술과 결합한 이주민 2세 교육에 관심이 많은 그는 한국어 교원 자격증을 따보려고 계획하고 있다.

부업을 시작한 에이징 솔로도 있다. 하나의 일에 얽매이지 않고 여러 일을 오가는 'N잡러'를 추구하는 것이다. 오희진은 현재의 일을 지속하면서도 더 나이 들면 뭘 할 수 있을지 고민하다가 자신의 한때 꿈이 5개 국어를 하는 민박집 주인이었다는 게 떠올랐고, 전세로 사는 집에서 숙박 공유 서비스를 시작했다.

꽤 인기가 높은 그의 집에 나도 가본 적이 있는데 아름다운 것과 책을 좋아하는 주인의 정갈한 취향이 곳곳에 배어 있는 공간이다.

> "숙박 공유 서비스를 시작하고 난 뒤 노후에 대한 경제적 불안이 줄어들었어요. 한 달 꼬박 예약을 다 열어두지 않아도 월 100만 원 이상 벌 수 있고, 65세가 되면 국민연금과 약간 모아둔 개인연금이 나올 거고, 집 없는 독거노인이니까 기초연금도 받을 거고, 그렇게 노후에도 살아갈 수 있을 거예요. 노후 대비로

시작한 일인데 집에 찾아오는 젊은 여성들의 이야기를 듣고 교감하다 보면 새로운 세계를 여행하는 듯한 즐거움이 커요. 이건 뜻하지 않았던 소득이에요. 나이 들수록 그런 교감의 끈을 유지할 수 있는 것도 일종의 문화적 자산이거든요."

강미라는 경기도 신도시로 이사한 뒤 집에서 가깝기만 하면 급여가 최저임금이라도 괜찮다는 생각으로 구인구직 사이트를 뒤지다 우연히 발견한 공고를 보고 지원해 지역단체에 입사했다. 새 직장에서 받는 급여는 예전에 그가 다니던 회사 급여에는 크게 못 미치지만, 그는 급여 외에 투자로 추가 소득을 만들기 위해 노력 중이다.

투자 경력이 10년이 넘는 그는 경제 관련 책을 300권 가까이 읽으며 공부했고, 1년 반가량 전문가 과정 교육도 받았다. 집안 빚 4억도 누구에게 손 벌리지 않고 자기 힘으로 갚았다. 지금 다니는 직장을 구하기 전 2년 가량은 일자리 없이 지냈는데, 투자 덕분에 별문제 없이 살 수 있었다고 한다. 그는 "한 번에 목돈을 벌려는 마음은 전혀 없고 노후에 주식으로 한 달에 30만 원 안팎을 버는 게 목표"라고 했다.

> "제가 주식을 하는 이유는 노후에 아무도
> 나의 노동력을 사주지 않을 때를 대비하기
> 위해서예요. 주식으로 그 정도만 확보하고
> 국민연금, 공공근로 일자리를 결합하면 최악의
> 삶을 살게 되지는 않겠죠."

미래에 대한 과장된 불안 지우기

중년 여성 1인 가구의 경제적 노후 준비에 대한 조사를
보면, 1인 가구로 살겠다고 생각한 시기가 빠를수록 노
후를 위한 경제적 준비는 더 잘되어 있었다.[2] 노후를 걱
정하면서도 아예 대비하지 않는 예도 있었는데, 현재의
삶이 어려워 당장 눈앞의 생활을 꾸려가는 데에 집중할
수밖에 없는 현실에 처해 있기 때문이다.

어떤 이들은 초고령자가 되는 상황에 대비하기 위
해 무엇을 해야 할지 감이 잡히지 않아 막막해하기도
한다. 박진영은 "부양할 사람이 없고 자유로우니까 소
득이 줄어도 씀씀이를 줄이고 주거지 수준을 지금보다
낮추면 그럭저럭 살 수 있을 것이고 그 후 국민연금을

보태면 또 어느 정도 살 수 있을 것"이라면서도 "초고령자가 된 상황은 너무 실감이 나질 않아서 되레 걱정을 안 하게 된다"라고 했다.

> "10대 때 중년의 삶이 상상이 안 되었던 것처럼
> 40년 정도 뒤의 일도 현실 같지가 않아서 잘
> 상상이 안 돼요. 은퇴 연령 이후에도 20, 30년을
> 더 살거나 크게 아프거나 하는 상황에 대처할
> 만한 재정적 준비가 안 되어 있긴 한데, 그걸
> 개인이 어떻게 다 준비하나 싶기도 하고요.
> 가령, 지금 소득이 조금 더 높은 일로 옮기거나
> 저축을 더 한다고 해결되는 건 아니잖아요."

그의 말마따나 초고령자가 되는 상황은 다음 생처럼 아득하게 느껴지기만 하고 얼마나 준비해야 충분한지도 감이 잘 오지 않는다. 사람은 누구나 불확실한 미래에 불안을 느끼기 마련이고, 수명이 늘어난 데 비해 사회보장은 미흡하므로 그에 대한 대책이 필요한 건 사실이다. 그러나 안정적인 직업을 갖고 있고 가족을 이룬 사람들도 노후를 걱정할 정도로 노후 불안이 눈덩이처럼 불어나는 데에는, 은퇴 자금으로 몇 억이 있어야 한

다는 등, 노후 자금을 준비하지 못하면 비참한 노후를 맞게 된다는 등 불안을 조장해 온 금융회사들의 마케팅과 언론 탓도 크다고 생각한다.

최혜원도 사회에 팽배한 노후에 대한 불안이 다소 과장된 공포가 아닌가, 의심할 때가 많다고 했다.

> "하루아침에 날벼락처럼 노인이 되거나
> 하루아침에 삶이 확 달라지는 건 아니잖아요.
> 나는 이미 비정규직인 비혼으로 살아가고
> 있는데 은퇴 이후의 삶도 지금의 삶과 거의
> 비슷할 거라고 생각해요. 물론 노후에 조건이
> 더 나빠지긴 하겠지만, 지금까지도 수입이
> 불안정하고 의지할 관계도 별로 없고 계속
> 이것저것 헤쳐 가는 방식으로 살아왔잖아요.
> 그렇게 살아온 삶에 기반해서 앞으로도 계속
> 쌓아나가는 방식으로 살면 된다고 생각해요."

어쩌면 어떤 상황이 닥치든 대응할 수 있는 체력과 태도를 준비하는 게 더 중요할지도 모른다. 강미라는 경제적 자원과 체력 모두 떨어질 노후를 대비해 요즘 일부러 "불편하게 사는 훈련"을 하고 있다. 차 몰고 5분이면 가는 마트에 20분 걸어가서 양손에 딱 들 수 있을 만큼만 물건을 사서 돌아온다. 새벽 배송이나 배달은 이용하지 않는다.

그는 가난한 독거노인이 되는 것에 대한 두려움이 컸는데 40대 초반에 다니던 직장에서 한 후배의 말을 듣고 생각이 바뀌었다고 했다.

> "일을 잘하고 똑똑한 후배였는데 맥주를 너무 좋아한 나머지 부모와 같이 사는 집에서는 옷장 안에 맥주 페트병을 숨겨놓고 마신다더라고요. 그러지 말라고 충고했더니 걔 대답이 걸작이었어요. '저는 정말 맥주가 좋아요. 일도 재미있고 남자도 좋기는 한데 맥주가 제일 좋아요. 맥주만 마실 수 있으면 폐지를 주운들 뭐 어때요? 폐지 줍고 집에 와서 내가 좋아하는 맥주를 마시면 돼요' 이러더라고요."

젊은 친구의 치기 어린 말일 수 있지만, 강미라는 '아, 저렇게도 생각할 수 있구나' 싶어서 약간 놀랐고, 그 다음엔 '듣고 보니 그렇네. 가난하면 뭐 어때. 자기가 좋아하는 것만 할 수 있으면 돈을 어떻게 번들 그게 대수인가?' 하는 생각이 들었다고 했다. 그는 최은영의 소설 『밝은 밤』에 나오는 할머니도 이와 비슷하다면서 그 이야기도 들려주었다.

> "소설에서 할머니는 지방에 혼자 사는데
> 놉을 다니면서 품삯을 받아 자기 생활을
> 꾸려요. 풍족하진 않아도 가끔 놀러도 다니고
> 젊은 주인공보다 훨씬 더 여유롭게 살아요.
> 사고방식도 열려 있고요. 저도 늙어서 돈이
> 많지는 않겠지만 적어도 『밝은 밤』할머니
> 정도로는 살 수 있지 않을까요?"

취약 계층은 따로 있지 않다

초고령 사회 진입을 목전에 둔 한국 사회에서 노후를 생각할 때 아무런 걱정이 없는 사람은 아마 극히 드물 것이다. 20여 년 전 기자로 일할 때만 해도 누군가 100세가 넘도록 생존하면 그 소식을 기사로 다룰 정도로 희귀했는데, 이제는 드문 일도 아니다. 무병장수 대신 유병장수가 느는 현실과, 그 긴 세월을 감당하는 데 필요할 비용을 생각하면 오래 사는 게 축복이 아니라 불길한 예언 같기만 해서 께름칙하다.

언젠가 부부 변호사인 후배와 밥을 먹는데 그가 하던 이야기 끝에 지나가는 투로 "노후를 생각하면 불안하니까"라고 말해 살짝 놀란 적이 있다. 안정적 직업과 배우자가 있어도 노후에 대한 불안을 비켜 가기 어려운 모양이었다. 불안은 상대적이고 비교를 통해 부풀어 오르는 경향이 있기 때문이다. 내가 만난 에이징 솔로 중 소득이 높은 축에 들었던 이 역시 "모아놓은 돈이 없고 집도 없어서 노후를 생각하면 불안하다"라고 털어놓았다.

전체 1인 가구가 처한 경제적 상황은 썩 좋지 않다. 통계청이 2022년 6월 발표한 「2021년 하반기 지역별 고용조사 맞벌이 가구 및 1인 가구 고용현황」을 보면 2021년에 일하는 1인 가구가 역대 최대 폭으로 늘어나 414만 명이 취업 중이었지만, 10명 중 3명(28.5%)은 월급 200만 원 미만인 박봉인 것으로 나타났다. 이 저소득층은 대부분 막 독립한 청년층이거나 배우자와 사별한 노년층일 가능성이 크다.

월소득 200만 원이 넘으면 OECD 기준 중산층에 해당한다. OECD는 중산층을 "소득이 중위소득의 4분의 3보다 크고, 2배보다는 작은 사람"으로 정의한다. 즉, 아주 넉넉하지도 않고 몹시 어렵지도 않은, 보통의 경제력을 가진 사람이다. 이 기준을 적용해 30여 년에 걸친 중산층의 변동을 계산한 민간연구소 랩2050 이원재 전 대표에 따르면 2022년 1분기를 기준으로 봤을 때, 1인 가구가 월 200만~540만 원(4인 가구는 400만~1,000만 원)을 벌면 중산층에 해당한다. 금액의 범위가 좀 넓다는 느낌이 드는데, 여기에 해당하는 사람도 계속 줄어들고 있다고 한다.[3]

내가 만난 19명의 에이징 솔로 중 3분의 2가량은 이 기준으로 중산층 범위에 들었다. 그런데 이야기를 나누다 보니 이들이 갖는 미래에 대한 경제적 불안은 소득에 좌우되지 않았다. 훨씬 중요한 기준은 주거 안정성이었다.

뒤에서 주거 문제를 따로 살펴보겠지만, 소형 아파트를 가진 경우는 말할 것도 없고 장기간 주거가 가능한 공공임대아파트에서 살거나 전세이더라도 장기적으로 살 수 있는 조건을 확보한 사람들이 집 없는 고소득자보다 미래에 대해 훨씬 안정적인 전망을 갖고 있었다. 누구에게나 질 좋은 집에서 살 수 있는 권리가 확보되어야 하는 이유다.

사회는 종종 1인 가구를 '취약 계층'이라고 바꿔 부른다. 그러나 혼자 살아간다는 것 자체가 취약 계층인 것도 아니고, 취약 계층이 따로 정해져 있지도 않다. 생애 굴곡에 따라 불운의 연타를 맞으면 극소수를 제외한 모든 이의 삶이 단번에 취약해질 수 있다.

오희진은 "폐지 줍는 할머니의 삶이 나에게서 굉장히 동떨어져 있다거나 나에게는 있을 수 없는 삶이라고 생각하지 않는다"라고 말했다.

> "그럭저럭 살던 사람이 어느 날 갑자기 예상치 못한 질병 때문에 취약 계층으로 굴러떨어질 수도 있고, 경제적 공포를 직면하게 될 수도 있는 거잖아요. 1997년 IMF 외환위기 때 중산층으로 살던 사람들이 순식간에 몰락하는 것을 우리가 목격했던 것처럼요. 폐지 줍는 할머니가 따로 있다고 생각하는 사람들이 이상해요. 어떻게 그렇게 인간이 자기는 절대로 취약 계층이 되지 않을 거라고 확신할 수 있죠? 사람이 그렇게까지 넘어지지 않도록 붙잡아 주는 손이 있어야 하고, 그래서 국가의 역할이 중요하다고 생각해요."

노후의 빈곤은 1인 가구의 미래를 넘어서는 문제

다. 한국 노인의 상대적 빈곤율은 OECD에서 가장 높다. 노인이 받을 수 있는 공적연금이 부족하기 때문이기도 하고, 자녀가 있는 노인의 상당수는 장기간 자녀의 값비싼 교육 비용을 부담해 왔기 때문이다. 가난한 노인 중에서도 비수도권에서 혼자 사는 여성 노인이 가장 가난하다.[4] 젊어서부터 혼자 살아온 여성 노인보다 생애 내내 가족 뒤치다꺼리만 하느라 교육을 받거나 직업을 가질 기회가 없었던 기혼 여성이 배우자와 사별한 뒤 더 큰 곤란에 처하기 쉽다. 그럴 때 우리를 받쳐주는 것이 공공의 역할이어야 할 것이다.

　　뒤에서 살펴보겠지만, 오랜 세월 가족 중심으로 운영되어 온 한국의 복지정책은 가족을 형성하지 않은 1인 가구나, 가족에게서 충분한 지원을 받지 못하는 개인에게 불이익을 가하는 결과를 낳는다. 이제는 복지정책도 개인을 중심으로 바뀌어야 할 때다.

2. 어디서 살까?

김다임은 2년 전 친구와 돈을 모아 함께 아파트를 샀다. 김다임의 개인 사정이 여의치 않아 일단 친구 명의의 집에 그가 전세로 입주하는 방식으로 돈을 합쳤지만, 두 사람은 공동의 주택임을 분명히 했고, 곧 공동 명의로 바꿀 계획이다.

두 사람의 아파트 공동 구매는 직장생활을 오래 한 친구가 월세살이를 벗어나려고 살 집을 알아보면서 시작되었다. 동원 가능한 자금으로는 작고 낡은 집밖에 살 수 없어 낙담하던 친구에게 김다임이 자신이 전세금을 보탤 테니 더 괜찮은 집을 알아보자고 제안해 둘이서 함께 아파트를 살 수 있었다.

> "책 『여자 둘이 살고 있습니다』를 읽고 받은
> 영향이 컸어요. 결혼하지 않아도 친구와 함께
> 돈을 모아 집을 살 수도 있다는 걸 알게 되었죠."

그가 과감한 결단을 한 데에는 오랜 전세 떠돌이 경험이 한몫했다.

"20대 후반에 독립해 친구랑 반지하 전세방을
구한 뒤로, 일해서 번 돈을 모아 좀 더 주거
환경이 나은 전셋집으로 옮기는 세월을
반복했어요. 그렇게 옮길 때마다, 또는 집을
사는 게 가능할지 알아볼 때마다 계속 전세비와
집값이 올라 있더라고요. 늘 집을 소유할
만큼의 돈이 없었기 때문에 제게는 집을 사는
일이 언감생심이라고 생각했어요. 이번에
친구와 함께 집을 사는 결단을 하지 않았더라면
불가능했을 일이에요."

내가 만난 에이징 솔로들은 비혼의 삶에서 가장 중
요한 것은 주거 안정성이라고 입을 모아 말했다. 현실의
불안, 미래를 바라보고 계획하는 시야를 좌우하는 가장
큰 요소도 소득 또는 일자리보다 주거 안정성이었다.
김가영은 2012년 이혼 후 전 배우자와 나눈 재산
으로 수도권에 작은 집 한 채를 샀다.

"불안정한 비정규직으로 살다 보니 제게 가장
중요한 것은 어떻게 남한테 손 벌리지 않고
최소한의 품위와 자존심을 지키면서 살 수

있을까 하는 문제예요. 그걸 보장해 준 게
집이었어요. 집이 있으니까 돈 벌 일이 정
없으면 이 집을 담보로 장사든 뭐든 시작하면
된다고 생각하는 마음의 마지노선이 있는 거죠."

그는 현재 수도권의 집을 세놓고 강원도의 소도시
에 있는 직장 근처에서 전셋집을 구해 산다. 수도권의
세가 강원도보다 비싸서 자신 소유의 집보다 더 넓은
전셋집을 구해도 돈이 남았다고 한다. 그는 "앞으로도
이렇게 살아갈 수 있을 것 같다"라면서 "혼자 살면서 집
이 없으면 두려운데 한국에서는 솔로의 주거 문제 해결
이 힘들어서 큰일"이라며 한숨을 쉬었다.

거의 모든 한국인이 꿈꾸는 '내 집 마련'은 다수의
1인 가구에게는 요원한 일이다. 통계청의 「2022 통계로
보는 1인 가구」에 따르면 1인 가구의 주거 형태는 월세
가 42.3%로 가장 많았고 자가가 34.3%, 전세 17.5% 순
서였다. 전체 가구의 자가 소유 비중이 57%인 것에 비
해, 1인 가구의 자가 소유 비중은 낮은 편이다. 내가 만
난 에이징 솔로의 경우 19명 중 5명이 자가 소유자이니
1인 가구 평균보다도 살짝 낮다.

1인 가구의 3명 중 1명이 자가 소유자라는 전체 통

계도 성별을 구분해 들여다보면 그림이 사뭇 달라진다. 지은숙 박사는 서울시가 2017년 발간한 성인지 통계로 40~50대 비혼 여성의 주거 상황을 엿볼 수 있는 지표를 추정했는데, 그 내용은 다음과 같다.

> 성별에 따른 주택 점유 형태를 보면 여성
> 가구주는 월세, 자가, 전세 순으로 많지만, 남성
> 가구주는 자가, 전세, 월세 순이었고 자가가
> 50%를 넘었다. 또 여성 가구주는 20~50대에
> 월세 형태로 거주하는 경우가 많고, 60대
> 이상일 경우에만 자가의 비율이 높게 나타난
> 반면, 남성의 경우 20대만 월세 거주 비중이
> 가장 높고, 30대에는 전세, 40~60대에
> 이르면 자가의 비율이 높은 것으로 드러났다.
> 주거 형태상 아파트에 거주하는 비중은 여성
> 가구주보다 남성 가구주의 경우가 훨씬 높았다.
> 이렇듯 주거 상황에서 드러나는 젠더 격차는
> 일차적으로는 성별 간의 생애 소득 격차를
> 반영하는 것이지만, 다른 한편으로는 여성
> 가구주 중에 1인 가구가 다수를 차지하기
> 때문이기도 하다. 1인 가구의 주거 빈곤이 젠더

간의 주거 격차를 심화시키고 있는 것이다.[5]

　이 분석과 앞에 인용한 통계청의 전체 통계를 종합해 보면, 결국 자가를 소유한 1인 가구는 대부분 남성이거나 남편과 사별한 60대 이상 여성일 가능성이 크고, 다수의 40~50대 여성 1인 가구는 주거 빈곤을 겪고 있을 것으로 추정된다. 지 박사는 "1인 가구라는 가족 형태에서 오는 차별, 성차별, 그리고 나이차별이 중첩되어 주거 사다리가 이미 끊어진 한국에서 '끊긴 사다리의 가장 밑바닥'에 중년의 1인 가구 비혼 여성이 놓여 있다"라고 진단했다.

제도와 면적에서 홀대받는 1인 가구

집을 사지 않고도 확보 가능한 주거 안정성이 중년의 1인 가구에게도 제공되어야 하건만, 정부의 주택공급제도를 훑어보면 에이징 솔로에게 맞춤한 제도를 찾기 어렵다.

　일단 민간 분양은 부양가족 수에 따른 청약 가점이 중요하기 때문에, 1인 가구는 평생 무주택으로 살면서 중년이 되어도 서울시와 수도권에서 아파트 분양을 받는 게 거의 불가능하다. 내가 만난 에이징 솔로들 중 다수도 청약 통장을 갖고 있었으나 이를 활용해 집을 장만한 사람은 없었다.

정부 지원 임대주택은 어떨까? 최저소득 계층을 위한 영구임대주택, 청년과 사회초년생, 신혼부부를 위한 행복주택, 고령자에게 우선순위를 주는 국민임대주택 등이 있지만 이 중 어느 것도 에이징 솔로에게는 해당사항이 없다. 사회초년생도, 청년도, 신혼부부도, 고령자도 아니라서 자격 요건을 갖출 수 없기 때문이다.

청약 가점이 아니라 횟수로 점수를 매기는 일부 공공임대아파트는 중년의 1인 가구도 지원할 수 있다. 강미라는 2012년 경기도의 10년 기한 공공임대아파트에 지원해 입주한 뒤, 거주한 지 6년쯤 됐을 때 조기 분양을 받아 주택 소유주가 되었다.

> "국민임대나 영구임대는 중년의 일하는
> 솔로에겐 그림의 떡이지만, 공공임대는 솔로도
> 신청 가능해요. 10년 전 제가 신청할 때만
> 해도 미분양이 엄청 났어요. 저는 심지어
> 같은 날 경기도 공공임대아파트 두 곳을
> 신청했는데 둘 다 당첨됐다니까요! 월세로

28만 원씩 내고 살다가 6년 차 때 조기 분양을
하길래 주택담보대출을 받아 집을 갖게 됐죠.
대한민국에서 살아가는 모든 사람이 다
그렇지만, 혼자 벌어야 하는 솔로일수록 주거
안정성이 삶의 만족도에 큰 영향을 준다는 걸
알게 됐어요. 힘든 일이 있어도 집에 묶여 있는
돈이 있어서 크게 불안하지 않아요."

강미라는 드물게 운이 좋은 경우다. 이 유형도 지금
은 경쟁이 치열해져 청약 저축 납부 횟수가 최소 200회
는 넘어야 신청이라도 해보는 것이 가능하다고 한다.

또 하나의 문제는 소득이다. 임대아파트 유형별로
소득 기준이 약간씩 다르지만 경제활동을 하는 에이징
솔로는 최저소득 계층을 위한 영구임대주택은 지원하
기 어렵고, 다른 유형에서도 대략 연봉이 세전 4,000만
원을 넘으면 지원하기 어렵다. 어떻게 기준을 맞춰본들
조금이라도 연봉이 오르면 나가야 하니까 임대주택도
안정적 주거의 대안이 아니다.

최대 8~10년간 시세보다 저렴한 임대료로 거주할
수 있는 공공지원 민간임대주택의 일반공급은 소득 기
준이 따로 없어서 일하는 에이징 솔로도 지원할 수 있

는 유형이지만, 기회가 그리 많지 않다.

공급제도뿐 아니라 급증하는 소형 아파트, 도시형 생활주택, 원룸 등 주로 1인 가구를 대상으로 한 주택의 주거면적 기준에서도 1인 가구에 대한 홀대는 여전하다.

한국 주택법상 1인 가구 최저 주거면적은 14제곱미터(4.2평)로 주요 선진국과 비교해도 지나치게 작다. 일본의 최소면적 기준은 25제곱미터(7.6평)고 영국은 38제곱미터(11.5평)다. 국토부가 1인 가구 청년들이 사는 집의 실면적을 조사한 결과 2006년 기준 26.2제곱미터에서 2019년 32.9제곱미터로 넓어졌다. 그런데도 공공주택은 법적 최소면적을 기준으로 지어지고 있다.[6]

청년이건 아니건 1인 가구라고 해서 비좁고 열악한 주거를 감내해야 하는 것은 아니다. 누구나 집에서 움직일 수 있는 동선이 필요하다. 기능에 따라 분리된 방이 하나쯤은 있어야 한다.

지은숙 박사는 일본의 비혼자들을 연구할 때 기본 평수가 7, 8평쯤 되는 고령자 대상 임대주택 거주자에게 들은 말을 전해주었다.

"이런 곳에선 손님을 부를 수가 없다고 하더라고요. 손님을 부르고 가족이나 친구가

왔을 때 하룻밤 재워주기라도 하려면 침실과
거실은 구분되어 있어야 하니까요. 그러려면
1인 가구가 살 집도 최소 10평은 넘어야 한다고
봐요."

토지주택연구원이 산출한 1인 가구를 위한 임대아
파트의 적정 규모는 32.6제곱미터(9.9평)이었다.[7] 적어도
이 기준은 충족하도록 최저 주거면적 기준의 현실화가
이루어져야 한다.

주거 안정성 확보의 여러 방법들

모든 자원과 사람이 수도권으로 집중되는 사회다 보니
수도권 대도시를 벗어나면 주거 상황도 달라진다. 앞서
소개한 전주의 비혼 여성 공동체 비비 회원들은 50년
거주가 가능한 공공임대아파트의 입주 경쟁이 수도권
만큼 치열하지 않은 덕분에 한곳에 모여 네트워크를 이
루고 살아가는 것이 가능했다.

오희진도 서울과 수도권에만 살겠다고 고집하지
않는다면 선택의 폭이 훨씬 넓어질 수 있다고 생각한다.
서울에서 전세로 거주 중인 그는 집에 대한 자기 생각

이 일반적이지는 않을 것이라면서 이렇게 말했다.

> "집이 주는 안정감이 있겠지만 제게는 주택
> 소유가 주는 부담감이 더 크게 다가와요. 평생
> 자유롭게 살고 싶은데 어딘가에 집을 사는
> 순간 그 집에 묶인다는 느낌이 들 것 같아요.
> 그만큼의 현금을 갖는다고 생각하면 좋으니까
> 소유욕이 없다고 할 수는 없고, 집을 다르게
> 바라보는 거죠."

그는 지금 전세로 사는 집이 마음에 들지만 불가피
하게 옮겨야 하는 상황이 온다면 사는 지역을 바꿀 거
라면서 오래전 《한겨레》에 칼럼니스트 김선주가 쓴 글
에서 읽은 '100킬로미터 후퇴론'에 대해 들려주었다.

> "나이 들어 서울에서부터 100킬로미터씩
> 후퇴해 가면서 거주지를 구하면 여유 있게
> 살 수 있다는 글이었는데, 꼭 100킬로미터가
> 아니어도 서울을 벗어나서 살면 된다고
> 생각해요. 제가 꼭 서울에서 돈벌이해야 하는
> 사람도 아니고, 청년들을 생각하면 저처럼 50세

넘은 사람들이 서울에서 빠져주는 게 맞는다고
보거든요. 게다가 전국에 빈집이 얼마나 많아요.
지방의 전셋집이든 빈집이든 빌려서 내 성향에
맞는 집으로 고쳐서 살면 되는 거죠. 전세금이
있고 그 돈으로 옮겨 갈 수 있는 공간이 있는 한,
더 나이 들어서도 이런 방식의 삶이 유지되지
못할 이유가 없다고 생각해요."

수도권에 직장이 있어 매일 출퇴근해야 하거나 은
퇴하기 이전인 에이징 솔로가 당장 실행하기는 어려운
방법이지만, 서울과 수도권을 벗어나서 살기는 나 자신
을 포함하여 내가 만난 에이징 솔로 여러 명이 꿈꾸는
노후 대비 주거 방안 중 하나다.

한편, 부모의 집에서 함께 살면서 부모 돌봄을 전
담하는 에이징 솔로는 장차 부모로부터 집을 물려받는
것이 미래의 주거 안정성을 확보할 방법이라고 생각하
기도 한다.

어머니와 함께 사는 최은주는 "지금 같은 형태로 계
속 산다면 나중에 엄마 집이 내 것이 되지 않을까"라고
예상했다.

"엄마가 집을 남동생에게 주겠다고 말씀하시긴 했어요. 제겐 처음 사업 시작할 때 돈 대주셨던 게 있고, 미국에 사는 여동생에겐 유학 학비를 대주신 게 있으니까요. 그런데 동생들이 아픈 엄마의 돌봄을 전담하는 제게 고마워하고 있고, 자기 집도 있고 경제적 여유가 있는 남동생이 굳이 엄마 집까지 갖겠다고 하지는 않을 것 같아요. 게다가 제가 엄마 집을 물려받아도 저는 자식이 없으니 사후 유산은 남동생 아들에게 가게 되겠죠. 남동생이 그런 계산까지 하지는 않겠지만 아무튼 그런 상황을 생각하면 엄마 집을 제가 물려받는 것에 반대하지 않을 거예요. 그렇게 노후에 내가 살 집이 하나 마련되면 나머지는 생활 규모를 줄여서 살면 되죠."

최은주는 주택 상속을 낙관하지만, 부모 돌봄을 전담하는 에이징 솔로가 집 때문에 형제들과 갈등을 겪는 경우도 왕왕 발생한다. 어머니와 함께 사는 고은희는 오빠가 갑자기 어머니 집을 팔자고 주장해 한바탕 분란이 일어났고, 그 이후로 오빠와 소원해졌다고 한다.

"오빠가 본인 명의의 집이 있는데도 갑자기
나타나서 '엄마 집을 팔아서 엄마 몫과 네
몫을 들고 가고, 남동생에게도 나눠주고,
나한테는 얼마를 달라'라고 요구하더라고요.
엄마가 엄연히 그 집에 살고 계시는데 무슨
소리냐면서 한바탕 난리가 났죠. 제 친구들 보면
잘살면 잘사는 대로, 없으면 또 없는 대로 부모
재산 때문에 형제간의 불화가 많아요. 저는
나중에 엄마 집을 물려받지 못하면 노후 주거
대책이 없으니까 갈등이 싫지만 물러설 수도
없어요."

가까이 연결을 맺고 살아가기

어디서 사느냐 하는 문제는 비단 공간만의 문제는 아니
다. 비비는 2010년부터 계속 비혼 여성들과 만나면서
각자가 가진 삶의 주요한 고민을 마주해 왔는데 "많은 경
우 그 삶의 종착역이자 해법은 안정된 주거"라고 했다.

이들이 말하는 주거권은 내 소유냐 아니냐의 문제
가 아니라 세 가지 요건을 갖춘 권리였다. "공감대를 형
성할 수 있는 친구, 서로의 안전을 지켜줄 수 있는 이웃,

그리고 내가 갑작스럽게 이동할 걱정 없이 살 수 있는 적정 규모의 집. 이 세 가지를 모두 포함하는 내용의 권리"가 비혼 여성이 바라는 주거권이라고 설명했다.[8]

주거 안정성과 연결이 비혼 여성 주거권의 핵심이라는 뜻인데, 에이징 솔로와 이야기를 나누다 보면 친구나 이웃과 가까이에서 살고 싶다는 소망을 품은 사람들이 꽤 있었다. 원하는 형태와 방식은 모두 달랐다.

오희진은 "나이가 더 들면 뜻 맞는 비혼들이랑 같이 마당을 공유하면서 모여 사는 게 꿈"이라고 말했다.

> "서울을 벗어나서 자연이 가까운 곳에 마당을 중심으로 10평 또는 20평짜리 작은 오두막을 짓고 모여 살고 싶다는 꿈이 있어요. 집들은 서로 독립적이어야 해요. 평생 혼자 살아서 다른 사람에게 맞춰본 경험이 부족해 서로 부딪히기 쉬우니 독립공간은 필수죠. 대신 다 함께 모여 밥을 먹거나 영화를 볼 공간은 있으면 좋겠고, 마당을 같이 가꾸고 텃밭에서 채소도 키우는 거죠. 누가 여행을 떠나면 반려묘를 돌봐주고, 누가 아프면 죽도 끓여주고요. 혼자서는 땅을 사서 집 짓는 게 어렵겠지만 여럿이 모이면

가능하지 않을까요? 서로를 돌보면서 사는 삶을 공간적으로도 구현하는 것이 제가 꿈꾸는 미래예요."

정수경도 "비혼 여성이 가까이에 모여 함께 나이 들어가는 주거 공동체"가 자신의 꿈이라면서 "비혼 여성의 공동 주거를 사업화해 볼까 하는 생각도 갖고 있다"라고 말했다.

그의 말을 듣다 보니 언젠가 사회적 공동주택에 대한 한 건축가의 강연을 들었던 기억이 떠올랐다. 몇 년 전, 어울려 사는 공동체주택에 관심이 생겨서 한 주택 소비자 협동조합 조합원 모집 설명회에 가본 적이 있다. 건축가의 강연이 끝난 뒤 그에게 비혼 여성끼리 모여 사는 공동체주택에 대한 견해를 물으니 추천하지 않는다는 답을 들었다. "속성이 비슷한 사람들끼리 모여 사는 것은 바람직하지 않다. 다양한 사람들이 어울려야 공동체의 구성이 가능하기 때문"이라는 것이다.

정수경과 대화하던 도중 갑자기 그 말이 생각나서 들려주자 그는 "비혼 여성이 다 비슷할 것이라는 전제에 동의할 수 없다"라고 말했다.

"나이대도 다양하고 계급도 다양하고 취향도 재능도 전부 다 다를 텐데, 비혼 여성이면 다 똑같다고 생각하는 건 옳지 않죠. 아마 그분이 상상하는 공동체적인 삶의 이상적 모습이 마치 대가족과 같은 모습이라서 그랬던 게 아닐까요?"

그럴지도 모르겠다. 반면 또 어떤 사람은 정수경과 반대로 비혼 여성끼리 모여 사는 것을 스트레스라고 생각한다. 김가영은 "아주 친한 친구들끼리라면 모를까 낯선 이들과의 공동 주거는 원치 않는다. 가치관이 비슷한 비혼 여성들끼리라고 해도 내키지 않는다"라고 했다.

"동성 친구는 좋아하지만, 여성들끼리만 모여 형성하는 관계에 대한 공포심이 좀 있어요. 여성들만으로 구성된 조직에서 일하면서 힘들었던 경험 때문에 그렇기도 하고요. 대학 때부터 남성 위주의 사회에서 살아와서 그런지 여성들끼리의 갈등이 어색하고, 그런 상황을 주거공간에서까지 겪는 것은 싫어요."

그는 셰어하우스나 공동체주택보다 오래 알고 지낸 이웃이 있는 마을이 더 중요하다고 생각한다.

"부모님을 보면 성당을 중심으로 함께 오랜
시간을 보내서 이물 없이 서로 부탁도 하고
나누면서 사는 이웃들이 근처에 있어요. 그런
이웃이 중요하다고 생각해요. 같은 공간에서
공동체를 꾸리는 것보다 혼자 살더라도 아는
이웃이 있는 마을. 사실은 그게 더 삶의 질에
중요한 것 같아요."

박진영도 공동 주거가 자원 절약적이라는 점에는 매력을 느낀다면서도 공동체주택과 같은 방식은 원치 않았다.

"지분을 나눠 투자해서 공동 소유를 한다든가,
관리를 위해 일상적으로 긴밀히 협의해야
한다든가, 그렇게 신경 쓸 일이 많고 개인 간의
거리가 좁아지는 방식의 공동 주거는 어려울
것 같아요. 그런 거 말고 어떤 회사가 소유한
건물에 각자 방 하나씩을 소비자로서 쓴다든지,

친한 사람들끼리 비교적 가까운 거리에 사는 정도까지는 좋고요. 사적인 경계선이 유지되지 않는 더 가까운 거리는 원치 않아요."

나는 잠시 공동체주택을 기웃거리다가 내가 공동 주거에 적합한 사람이 아니라고 생각해서 일단 관심을 접은 상태다. 언젠가 세 여성의 공동 주거 실험을 소개한 『마흔 이후, 누구와 살 것인가』를 읽다가 책에 실린 공동 주거 적합도 테스트를 해보았다. 공동 거주자들과의 사이에서 일어날 수 있는 다양한 갈등을 사례로 제시하면서 적절하게 대처하는 방법을 묻는 거의 모든 테스트 질문을 볼 때마다, 내게는 스트레스가 폭발하는 장면만 떠올랐다.

이 책의 저자들은 "1. 문제를 정면으로 마주하고, 2. 감정을 자제하면서 마음을 열고 솔직한 태도로 의논하고, 3. 자신과 다른 사람을 모두 고려하여 힘든 결정을 내릴 줄 알고, 4. 민주적으로 결정된 사안을 분노 없이 받아들이고 실천"할 수 있어야 공동 주거에 적합한 사람이라고 설명한다. 이는 공동 주거가 아니어도 거의 모든 친밀한 관계에도 해당할 아름다운 덕목들인데, 자존심이 상하지만 나는 그런 사람이 아니라는 걸 인정할 수밖에 없었다.

아직 실망하기에는 이르다. 2021년 나는 걸어서 산에 갈 수 있는 집을 찾아 이사했는데, 이 동네에는 비혼 여성인 선배와 친구가 이미 살고 있었다. 나는 오랫동안 대도시의 익명성을 즐기면서 살아왔고 지금도 그렇지만, 이사 후 조금씩 친근한 이웃이 있는 동네의 장점을 체감하는 중이다.

날씨가 좋거나 석양의 맥주 한잔이 생각나면 종종 걸어서 동네 선배, 친구와 만나 산책하고 같이 밥을 먹는다. 한 해의 마지막 날에는 우리 집에 초대해 저녁을 함께했다. 내가 몸 앞뒤로 배낭 2개를 짊어지고 해외 트레킹을 간다고 낑낑댈 때는 동네 선배가 차로 공항철도역에 데려다주었다. 급성요통으로 드러누웠을 때 도움을 요청해 본 적은 없지만 전화하면 금방 달려올 수 있는 사람이 가까이에 있으니 안심이 되었다. 여름에 수박을 먹고 싶어도 한 통은 너무 크고 미리 잘라 랩을 씌워둔 수박은 위생상 찜찜해 선뜻 사기 망설여지는데, 이제 동네 친구들이 있으니 수박 앞에서 더 망설일 필요가 없다. 각자 일하는 리듬이 달라서 만남이 잦지는 않아도 내가 좋아하는 선배와 친구가 한동네에 산다는 사실이 별다를 것 없는 동네를 친근하게 느끼게 해준다.

지금의 내가 기꺼이 섞이고 연결되기를 원하는 거리는 이 정도인 것 같다. 나중에 다시 이사하게 되더라도 가까이에 친구나 자매가 이웃으로 사는 마을을 고를 것 같다. 친한 이웃과 느슨하게 연결된 일상이 혼자 사는 사람의 생활에도 일정 정도의 안정감을 부여한다는 것을 경험했기 때문이다. 혹시 아는가. 연결의 경험이 쌓이다 보면 나도 언젠가는 앞서 테스트를 하면서 좌절했던 아름다운 덕목들을 몸에 익힌 사람이 될지.

3. 에이징 솔로와 부모 돌봄

중년인 또래 친구들을 만나면 가장 자주 이야기하는 주제가 부모 돌봄이다. 노환으로 서서히 시들어 가고 아픈 부모를 돌보는 일에 당면한 친구가 5명 중 1명꼴일 정도로 많다.

건강하던 아버지가 2019년 갑자기 쓰러지면서 내게도 부모 돌봄이 시작되었다. 아버지의 갑작스러운 발병은 인지증으로 이어졌는데, 중증 인지증을 앓는 노인의 돌봄은 그야말로 24시간 진행되는 일이다. 집에서 아버지를 돌볼 때는 종일 몸과 마음의 힘을 다 써 녹초가 되었고, 밤에 잠들기도 어려웠다. 아픈 사람의 고통은 새벽이 되면 더 심해지는 모양인지 새벽 3, 4시가 되면 외침이나 끙끙 앓는 소리로 인해 돌보는 사람도 함께 선잠에서 깨야 했다.

언젠가 아버지가 입원한 병원의 보호자 침상에 앉아 병실을 둘러보다가, 나이 든 노인의 보호자가 거의 다 나이 든 여성이라는 걸 문득 깨달았다. 내가 잠깐 해 보니 돌봄은 근력이 좋은 사람이 해야 하는 일이다. 자신의 몸을 스스로 움직이기 어려운 환자가 보호자에게 몸을 완전히 의탁해 버리면 아무리 체중이 적게 나가는 사람도 천근만근 무겁기 때문이다. 간병인이나 요양보호사들이 가장 많이 호소하는 질병이 근골격계 질환이라는 것도 이해할 만하다. 병실에 앉아 있다 보면 이 힘든 일을 왜 나이 든 여성들이 전담하고 있는지 착잡해지고, 수당이 많이 올랐어도 여전히 허드렛일로 치부되는 돌봄 노동이 여성의 일자리처럼 굳어버린 현실에 서글픈 생각이 든다.

지인들과 이야기하다 보면 요즘은 부모 돌봄의 책임이 며느리에서 딸에게로 이전되었다는 느낌을 받을 때가 많다. 며느리든 딸이든 여성이 전담한다는 게 여전히 마음에 들지는 않지만, 여성이라는 이유 하나만으로 함께한 추억이나 애정이 없는 시부모를 며느리가 의무적으로 돌봐야 했던 나쁜 관습이 사라져 가고 있으니 다행이라고 해야 하나.

일본에서는 이러한 변화가 2000년을 기점으로 시작되었다고 한다. 지은숙 박사의 학위 논문[9]을 보면 2003년 일본 내각부가 실시한 여론조사 결과 고령자가 희망하는 바람직한 돌봄자 1위는 배우자, 2위는 딸, 3위는 아들이었다. 며느리는 이 순위에 없었다.

한국에서도 변화가 시작되었다. 보도에 따르면 보

건복지부의 「노인실태조사」 결과 독립생활이 어려운 부모(또는 배우자)를 돌보는 가족 중 큰며느리의 비율이 2011년 12.3%에서 2020년 10.7%로, 작은며느리는 3.8%에서 1.8%로 줄었다. 같은 기간 딸은 10.3%에서 18.8%로 크게 늘었다. 10여 년 전에는 주 수발자가 배우자·며느리·아들·딸 순이었는데, 2020년에는 배우자·딸·아들·며느리 순으로 바뀌었다고 한다.[10]

부모 돌봄을 전담하는 비혼 딸들

특히 자녀 가운데 비혼인 딸이 있으면 그가 부모 돌봄을 전담하는 경우가 많다. 일본에서는 비혼 딸에 대해 "결혼 적령기가 지나면 개호(돌봄) 적령기가 온다"라는 속설이 나돌 정도라고 한다. 일본에서 독신인 자녀가 부모를 돌보는 실상을 다룬 르포 『나 홀로 부모를 떠안다』의 저자 야마무라 모토키山村基毅는 이를 "초고령 사회에서 만혼화와 비혼화가 진행된 결과"라고 진단했다. 초고령자인 부모의 자녀가 결혼을 통해 자신의 가족을 꾸리지 않았을 경우 부모의 돌봄을 떠맡게 되는 것이다. 때로는 그렇게 강요당하기도 하고, 때로는 자진해서 부모 돌봄을 선택한다.

사실 비혼이 원가족의 남아도는 노동력처럼 인식되고, 결혼한 형제자매가 떠난 자리에서 온갖 집안일과 부모 간병을 도맡는 것은 동서양을 막론하고 역사가 유구하다. 리베카 트레이스터Rebecca Traister의 『싱글 레이디스』에 따르면 19세기 미국 목사 조지 버냅은 "부부가 세상에 나가 인생의 쾌락을 즐길 때 독신 여성들은 즐거움과 무지에 빠진 구성원들이 잊어버린 집안일의 의무를 감당해야 하고, 고통과 질병과 죽음의 침상 곁을 지켜야 한다"라는 글을 남겼다. 저자가 이 구절 인용 끝에 적어둔 것처럼, 정말 '으악!'이다.

한국에서도 비혼 딸의 부모 돌봄 전담이 늘어나는 추세다. 최근 가까운 지인이 운영하는 회사에서 일하던 한 비혼 중년 여성이 그간 부모 돌봄을 홀로 책임져 왔는데, 양친 모두의 상태가 나빠져 시간제 일자리로 전환했다는 이야기를 전해 들었다. 그는 부모 돌봄을 위해 요양보호사 자격을 취득했고 다른 사람의 도움 없이 혼자서 부모를 직접 돌보고 있다고 한다.

내가 인터뷰한 에이징 솔로의 경우 19명 중 5명이 부모·가족 돌봄의 책임을 맡고 있었다. 40세 이상 비혼 여성을 무작위로 만나 물어본 것이라 이 정도지, 만약 양친이 모두 살아 있는 에이징 솔로로 인터뷰 대상을 한정했다면 더 늘어날 거라고 생각한다.

　　부모와 함께 사는 김지현은 자신이 "집안에서 엄마의 공식 간병인"이라고 했다. 그가 스물아홉 살이 되던 해부터 어머니가 아프기 시작했고, 여러 차례의 암 투병을 거쳐 지금 그의 어머니는 전혀 거동을 못 하고 있고 의사소통도 어려운 상태다. 김지현은 30대 중반까지 회사로 출근했다가 저녁에는 어머니가 입원한 병원으로 퇴근하고, 거기서 다시 회사로 출근하는 생활을 지속해 왔다. 아버지가 있어도 어머니 돌봄은 그의 몫이었다. 지금은 출퇴근 간병인의 도움을 받아 직접 돌봄에서는 놓여났지만, 여전히 주말에는 그가 어머니를 돌본다. 돌봄 비용은 남동생과 분담하는데 돈이 많이 들 땐 한 달에 1,000만 원씩 들 때도 있었다고 했다.

> "예전엔 제가 돌봄을 전담하는 게 억울했어요.
> 제가 30대 중반이 됐을 때 동생들이 다
> 결혼했는데, 그러고 나니 동생들이 명절 때에도
> 제가 엄마 돌봄을 전담하는 걸 당연하게
> 생각하더라고요. 그렇게 당연시하는 게 몹시
> 싫었어요. 해외에 사는 남동생은 돈이라도
> 대는데 여동생은 아이들 키운다는 이유로

어머니의 간병을 모른 체해서 거의 의절을 해야
하나 고민할 정도였죠. 몇 년 전엔 아버지까지
입원하셔서 부모를 모두 돌봐야 했는데,
여동생이 아이들 핑계를 대고 도와주지도
않더라고요."

억울한 마음으로는 장기간 돌봄의 고단함을 견딜
수 없기에 그는 체념도 하고 마음을 내려놓으려 많이
노력했다고 한다. 지금도 독박 돌봄인 상황은 그대로지
만 김지현은 "투병의 세월이 길어서 지금은 그냥 내가
'엄마의 엄마' 같은 존재가 됐고 엄마가 나에게 너무 특
별한 사람이기 때문에 돌보는 거지, 억울하다는 생각은
잘 하지 않게 됐다"라고 했다.

"엄마를 돌보면서 제가 단단해졌어요. 혼자 있을
때 자주 울긴 하지만 어떤 힘든 일이 생겨도 '뭐
어쩌겠나, 겪고 지나가야지' 이런 마음의 자세가
생겼달까요. 부작용은 엄살떠는 사람들에게
잘 공감하지 못한다는 거예요. 사소한 것 갖고
아프다고 하는 사람을 보면 공감하는 척이라도
해줘야 하는데, 제가 그런 걸 잘하지 못해요."

역시 어머니를 돌보며 함께 사는 이주원은 "부모 돌봄 때문에 내가 독립을 못 한 건 아닐까 하는 회의가 들 때가 있다"라고 말했다.

　　그는 경기도에 있는 직장 근처에서 3년여간 혼자 산 걸 제외하고 계속 부모와 같이 살았다. 혼자 살던 집이 너무 좁은 오피스텔이어서 답답했는데, 자신이 가진 돈으로는 넓은 집을 구할 수 없어서 본가로 들어갔다. 다시 나가고 싶었지만 부모가 점점 연로해 가면서 돌봄의 필요가 커지자 나가기 어려운 상황이 되어버렸다고 한다.

> "넓은 공간에 대한 욕심, 경제적 불안정성에
> 대한 조바심 때문에 못 나갔으니 누가
> 붙잡았다기보다 제가 결단을 못 한 거라고
> 봐야죠. 여전히 독립을 못 했다는 자괴감이 좀
> 있어요."

　　부모와 함께 살면서 시간이 지날수록 그는 부모가 자신에게 의존하는 정도가 점점 커진다는 걸 느낀다. 어머니가 아프지만 상대적으로 건강한 아버지는 돌봄에 무심하다. 이주원은 "나이 들면 서로 돌봐줄 사람이 필요하니 결혼하라는 말은 철저히 남성 입장에 선 말이라는 생각이 든다. 아버지를 보면 남편이 있다고 해서 내가 아플 때 돌봐줄지 의문"이라고 했다.

그는 어머니 돌봄을 분담할 필요성을 가족에게 제기했고, 논의 끝에 다른 형제들과 어머니 돌봄을 나눠서 하고 있지만, 여전히 어머니의 1번 보호자로는 비혼인 그가 호명된다. 그는 "자기 가족을 이룬 사람은 그 가족이 더 중요하다고 인정해 주는 것 같은데, 그렇지 않은 비혼은 계속 원가족에 묶인 사람 취급을 해서 그런 것 같다"라고 했다.

에이징 솔로가 혼자 부모를 돌보면서 함께 살고 있는데 형제들로부터는 부모에게 얹혀산다는 비난을 받는 일도 있다. 고은희는 형제들의 그런 시선 때문에 갈등이 종종 있다고 했다.

> "내가 부모님과 같이 사는 걸 오빠는 늘 마음에
> 들지 않아 했어요. 평생 내 멋대로 내 위주로
> 살다가 나이 들어서 엄마한테 얹혀사는 거라고
> 바라보는 것 같아요. 최근 아빠가 돌아가신
> 뒤엔 그래도 제가 엄마를 돌본다는 걸 인정하는
> 것 같지만, 그보다 '너는 결혼도 안 하고 네

마음대로 돌아다니면서 그동안 엄마 마음고생을
크게 시켰다'라는 생각이 오빠의 마음에
기본적으로 깔려 있어요."

가족 돌봄과 돌봄의 늪

원가족에 자원이 없는 경우, 부모뿐 아니라 형제 돌봄까
지 독박을 쓰는 에이징 솔로도 있다. 강미라의 형제자매
는 모두 비혼인데 장애를 가진 사람도 있고, 큰 병을 앓
는 이도 있다. 아픈 언니를 돌보던 오빠도 최근 크게 아
픈 이후 재활치료를 받는 중이다.

"아버지는 일찍 돌아가셨고 어머니는
연로하셔서 우리 남매를 돌보는 건 우리
스스로의 몫이었어요. 그중에서도 경제적인
책임은 대체로 제 역할이었죠. 병원비를 다 제가
대야 했고, 입원 수속하고 돌봄 대책 만드느라
한 달에 두세 번씩 고향을 오갔어요. 너무
힘들어서 불면증까지 겪었는데, 그 치료가 끝날
즈음 오빠가 쓰러져서 그 뒤로 3년여 동안이
최악의 시기였어요."

예측 불가능한 가족 재난이었지만 그는 힘든 일이 꼭 슬픈 경험만은 아니었고, 돌봄을 통해 자신이 달라진 점도 있다고 한다.

"제가 막내지만 권력자 같은 느낌으로 살아왔어요. 매몰찬 남편처럼 언니, 오빠에게 '나, 당신들 때문에 돈 버느라 힘들어' 이런 이야기나 하고. 그런데 오빠가 언니를 돌보는 것을 보고 놀랐고, 처음으로 오빠를 존경하게 됐어요. 오빠가 대학생 때 학생운동을 하고 그 뒤엔 노동운동을 한다고 공장에 위장 취업해서, 저는 어릴 때 '학생운동을 하는 사람들은 인생 망치려고 작정한 인간들'이라고 생각했어요. 노동운동을 그만둔 뒤에도 오빠는 작은 사업을 하다 잘 안됐죠. 그런데 언니가 아프니까 군소리 한 번 없이 돌보는 걸 보면서 오빠를 다시 봤어요. 애잔했죠. 서로 돕는 경험을 하면서 이 재난이 최악은 아니라는 생각이 들더라고요. 평생 없었으면 더 좋았을 일이지만, 그냥 나이가 들면 누구나 겪는 돌봄이라는 과제를 저는 극대화해서 겪을 뿐이라고 생각합니다."

드물지만 형제자매들의 우애가 좋으면 되레 돌봄의 부담을 덜기도 한다. 김가영은 "부모 돌봄은 언니와 여동생이 더 많이 한다. 오히려 내가 혼자니까 이미 결혼해 가정을 이룬 언니와 여동생이 나한테 부모 돌봄의 독박을 씌우지 않으려고 조심하는 것 같다"라고 했다.

> "부모님 중 한 분이 돌아가시면 남은 한 분은 자기가 모시고 살아야 한다는 생각을 언니와 여동생 모두가 하고 있어요. 어떻게 될지는 알 수 없지만, 누가 되었든 한 사람이 독박 돌봄을 하게 되면 그건 삶이 너무 피폐해지는 일이죠. 자매들끼리 어떻게든 나눠서 할 수 있을 거라고 낙관적으로 생각해요."

내가 만난 에이징 솔로 중에는 돌봄 때문에 고립되거나 직장을 잃은 사람은 없었지만 혼자서 부모를 돌보다가 자신의 상황까지 어려워지는 솔로들은 꽤 많다.

비혼 딸의 부모 돌봄을 연구한 한림대학교 사회복지학부 석재은 교수는 논문[11]에서 "가족 중 누군가는 돌봄을 맡아야 하는 상황에서 비교적 홀가분하게 개인의 선택과 결정으로 돌봄을 맡을 수 있는 사람이 비혼 딸"

이라 자타에 의해 비혼 여성이 돌봄 역할을 받아들이지만, "그런 과정에서 자연스럽게 독박 돌봄이 되고, 빠져나올 수 없는 고통스러운 돌봄의 늪이 된다"라고 진단했다. 그의 연구에서 비혼 여성들은 수고를 인정받지 못하는 독박 돌봄으로 인해 상처를 받고, 돌봄과 병행할 수 없어 직장을 그만두어야 하는 경우도 많았다. 그러한 과정에서 돌봄 제공자의 경제생활은 어려워지고, 그들 자신의 노후는 방치된다.

『나 홀로 부모를 떠안다』에서도 저자는 부모 돌봄을 떠맡은 솔로들의 가장 큰 문제로 고립감을 꼽았다. '패러사이트 싱글', 즉 부모에게 기생충처럼 얹혀살면서 살림을 축낸다는 부정적 시선을 감내해야 하는 것과 부모를 돌보면서 겪는 갈등이 중첩되는데, 여기에 사회생활이 단절되면서 누구에게도 하소연할 수 없는 고통까지 더해진다는 것이다. 게다가 돌봄 부담으로 결국 일을 그만두게 되고, 한번 그만둔 일에는 좀처럼 복귀하기 어렵다.

돌봄은 여성의 일이 아니라 모두의 일

요즘은 부모 돌봄을 가족이 전담해야 한다고 생각하는

사람도 큰 폭으로 줄어들었다. 통계청의 「2020년 사회
조사」에서 부모 돌봄을 가족이 맡아야 한다고 생각하는
사람은 22%에 불과했지만, 가족과 정부, 사회가 함께
책임져야 한다고 생각하는 사람은 61.6%였다.

돌봄을 정부와 사회가 함께 책임지는 돌봄의 사회
화는 꼭 필요한 일이지만, 그것만으로 해결할 수 없는
돌봄의 사적인 영역이 있다. 아무리 외부의 도움을 받아
도 가족의 누군가가 할 수밖에 없는 일들이 남는다. 몸
과 정신의 상태 변화를 관찰하고 의사, 간병인과 소통하
는 일에서부터 병원을 고르고 옮기고 시설을 알아보는
사무적인 일까지, 눈에 띄지는 않지만 상당한 시간을 쓰
고 노력해야 하는 일들이 있다.

나는 아무리 미화해도 돌봄은 진이 빠지는 일이라
고 생각한다. 게다가 부모 돌봄은 아이 돌봄과 달리 끝
나는 기한을 알 수 없고, 생명의 성장 대신 소멸을 향해
가는 긴 과정을 지켜보는 일이라 심리적으로도 버겁다.
좋고 나쁨으로 양분되지 않는 복잡한 마음을 납덩이처
럼 안고 사는 게 일상이 된다. 딸이든 아들이든 비혼이
든 기혼이든 누가 되었든 그 책임을 한 사람이 혼자 짊
어지는 건 바람직하지 않다.

게다가 여성이 특별히 돌봄을 잘한다고 볼 합리적

근거는 없다. 내 친구의 경우 뇌 질환으로 쓰러진 어머니가 혼자 힘으로 움직일 수 없는 상황이 되자, 부모 집에 함께 살던 친구의 남동생이 어머니를 돌본다. 친구는 남동생이 어머니의 위생, 식사를 챙기는 일에서부터 재활운동 관리까지 자기가 보기에도 감탄이 나올 정도로 잘한다고 했다. 강미라의 오빠 이야기에서도 알 수 있듯 돌봄을 자신이 해야 할 일이라고 생각한다면 남성들이 잘하지 못할 이유가 없다. 돌봄을 마치 여성의 일인 듯 여기는 통념은 오랜 세월 남성 중심의 사회에서 여성에게 강요되어 온 성별 분업화의 결과다. 설령 여성이 생물학적으로 더 돌봄 친화적이라는 기상천외한 연구 결과가 나온다고 해도 여성이 돌봄을 전담해서는 안 된다. 돌봄은 태어나서 죽을 때까지 타인에게 의존할 수밖에 없는 모든 인간의 기본 조건과 관련된 일이기 때문이다. 사람이면 누구나 당면해야 하는 일을 특정 성별이 전담하고 다른 성별은 '무임승차'해 온 오래된 불공정을 바로잡아야 한다.

연세대학교 인류학과 교수 김현미는 『페미니스트 라이프스타일』에서 북유럽 등에서 논의되는 1인 '일-돌봄 시민worker-carer 모델'을 소개했다. 이 모델에서는 일 패러다임과 돌봄 패러다임을 분리된 것으로 보지 않는다. 누구나 일하다가 1~3년간 돌봄 패러다임으로 전환할 수 있다. 그 기간을 보내고 돌아와도 절대 엉뚱한 데 배치하거나 해고하지 않는다. 당연히 돌봄은 남자도 할 수 있고, 또 해야 한다는 규정도 강화했다고 한다.

모든 사람이 자신의 시간과 생활을 일에 온통 헌납하지 않고, 자신에게 중요한 사람을 필요할 때 돌볼 수 있도록 일과 시간에 대한 한국 사회의 개념도 달라져야 한다. 우리는 모두 취약하고 서로에게 기대어야 비로소 살아갈 수 있으니까 말이다.

4. 와병, 고독사와 마주하기

툭하면 '기-승-전-스위스' 타령을 했다. 친구들과 아픈 부모 걱정을 나누던 근심 섞인 대화는 "나도 그렇게 되면 어쩌나"로 이어졌고, 답 없는 수다는 곧잘 "우리는 나중에 안락사가 가능한 스위스로 가자"라는 결론으로 치닫기 일쑤였다.

농반진반인 그 말에 담긴 절반의 진심은 전적으로 남에게 삶을 의탁해야 하는 상황을 겪고 싶지 않다는 거였다. 사랑하는 이들을 알아보지 못한 채 자신의 힘으로 먹고 배설하지 못하는 비참을 견디느니, 내 손으로 삶을 마무리할 수 있기를 바랐다. 나는 무의미한 연명의료를 거부한다는 사전연명의료의향서를 일찌감치 써 두었지만, 이는 임종 과정에만 해당하는 것이라 그것만으로는 안심이 되지 않았다.

내가 만난 에이징 솔로 중에서도 삶의 마지막에 안락사를 희망한다고 말하는 사람들이 꽤 있었다. 한 사람은 "내가 75~80세쯤 되었을 때도 한국에서 안락사가 허용되지 않는다면 3,000만원 들고 스위스에 가서 삶을 끝낼 것"이라고 말하는가 하면, 본인의 안락사 계획을 형제자매에게 이미 다 말해두었다는 사람도 있었다. 가족에게 폐 끼치는 것도 싫지만 자기를 잃은 채로 살게 될까 봐 무섭다는 게 이들이 안락사 계획을 세워둔 이유였다.

내 심정도 그와 크게 다르지 않다. 하지만 죽음에 대한 자기 결정권을 갖고 싶다는 소망이 선택에 대한 환상에 불과한 것은 아닐까, 하는 생각을 최근 들어 부쩍 많이 하게 되었다.

그런 생각을 하게 된 것은 건강하고 자기 관리에 성실했던 아버지가 갑자기 쓰러진 뒤부터다. 하루아침에 아버지는 다른 사람의 도움 없이는 꼼짝할 수 없는 상태가 되어버렸다. 평소 자율성의 상실을 끔찍하게 두려워하던 사람이 순식간에 자신이 가장 피하고 싶어 했던 바로 그 상황에 놓이게 된 것이다.

아버지가 제삼자가 되어 자신을 본다면 '차라리 죽는 게 낫다'라고 슬퍼했을 것 같다. 그런데 '차라리 죽는' 선택조차 할 수 없다면? 돌이킬 수 없는 뇌 손상을 입고 다른 사람의 도움 없이는 한순간도 움직일 수 없게 되어버린 아버지의 삶에는 도대체 어떤 의미가 있는 걸까? 주어의 자리에 아버지 대신 나를 놓고 스스로에게 수도 없이 질문을 던졌지만, 답이 궁했다.

아버지에 대한 죄책감과 함께 나 자신을 '선택하는 주체'로 여겨온 자아상에도 금이 갔다. 삶에서 나쁜 일들은 기습처럼 들이닥치고, 그 무엇도 통제할 수 없을 때가 온다. 사람이 할 수 있는 일은 오직 어떻게 반응하느냐밖에 없을지도 모른다.

그럼에도 불구하고 죽음에 대한 자기 결정권을 갖고 싶다는 소망은 여전히 강렬하다. 존엄을 지키며 내가 원하는 방식으로 죽고 싶다. 그런데 잠깐. 내가 지키고 싶어 하는 존엄이란 대체 뭘까?

손상된 삶의 존엄한 마무리

언젠가 SNS에서 어머니의 부고를 전하던 한 선배의 애절한 글을 읽었다. 어머니를 추모하는 그의 글을 안타까운 마음으로 읽다가 다음 문장이 소화불량처럼 턱 걸렸다.

> 어머니는 마지막까지 다른 사람의 도움 없이
> 스스로 자신의 몸을 돌보셨습니다. 그렇게
> 끝까지 자신의 존엄을 지키셨습니다.

선배의 사무치는 마음을 이해하면서도 동시에 나

는 이 문장에 동의할 수 없다고 말하고 싶은 묘한 반발심이 싹텄다. 스스로 자신의 몸을 돌보지 못하고 다른 사람의 도움을 받아야 할 처지가 되면, 구체적으로 말해 자기 손으로 배변과 배뇨를 처리할 수 없게 되면 존엄을 잃는 것이라는 가치판단이 그 말에 배어 있는 듯해서였다.

선배뿐 아니라 많은 사람이 기본적인 생리 현상을 다른 사람에게 의존해서 살아가는 상태를 존엄이 훼손된 삶으로 받아들인다. 그런데 인간의 존엄이 생리 현상과 위생에 좌우되는, 그렇게 하찮은 가치인가? 주변을 조금만 돌아보면 이미 상당히 많은 중증환자, 노인, 장애인들이 배설을 스스로 해결할 수 없어서 다른 사람의 도움을 받고 있다는 사실을 알 수 있다. 그들의 삶에서는 존엄이 다 사라지기라도 한다는 말인가.

사회학자 우에노 지즈코는 『집에서 혼자 죽기를 권하다』에서 "나이를 먹는다는 것은 모두가 중도 장애인이 되어가는 과정이고, 그 중도 장애 안에는 불편한 몸뿐만 아니라 불편한 머리와 마음, 그 전부 또는 일부가 존재한다"라고 지적했다. 그는 치매[12]에 대한 공포의 대안으로 안락사를 제시하는 사람들을 비판하면서 "그런 생각의 배후에는 '살아 있을 가치'가 있는 생명과 없는 생명을 구별하는 생각이 깔려 있고" 이것이야말로 "우생 사상 그 자체"라고 비판했다.

우생 사상까지는 아니더라도 나는 아버지의 발병 이후 '기-승-전-스위스'를 들먹여 오던 것에 대해 살짝 죄책감을 느낀 적이 있다. 안락사를 원한다고 거침없이 말해온 내 마음속에는 인지증이나 다른 질병 등으로 자기 결정권을 잃어버린 삶은 살아갈 가치가 없다고 보는 사고방식이 자리 잡고 있지 않았나, 하는 자각이 들어서였다.

나는 인지능력의 상실은 자아의 상실, 곧 삶을 잃어버리는 거라고 생각해 왔는데, 아버지를 보니 그렇지 않았다. 영구적 뇌 손상이 확정되고 가족들도 아버지의 의식을 현실로 되돌리려는 노력을 포기할 무렵, 아버지의 두서없는 말과 행동에 깃든 희미한 질서가 눈에 띄었다. 자기 삶의 역사에 대한 일관된 서술은 잃어버렸을지언정 몸에 밴 습관과 특징들은 그대로였다. 아버지답게 끊임없이 사람들의 밥을 챙겼고, 일방적 지시를 따르지 않으려 했다. 때로는 가족을 알아보지 못했으나, 병실 밖에 호랑이가 있다고 안절부절못하는 황당한 걱정에도 자식들에 대한 염려가 묻어났다. 내가 좋아했던 유머 감각, 참기 힘들었던 고집불통은 아버지의 고장 난

뇌가 만들어 낸 기묘한 세계 안에서도 여전했다.

책 『새벽 세 시의 몸들에게』에서 공동 저자 이지은은 오랫동안 치매 돌봄의 현장을 연구해 온 학자들의 발견을 소개하며 "자아의 일부분을 구성하는 어떤 것들은 치매로 인해 완전히 사라지지 않고, 이전의 삶의 흔적들을 가진 몸의 사소한 행동들이 사실은 그 사람의 삶을 이어가는 방식"이라고 설명한다. 사람의 몸은 그저 손상된 뇌를 담는 그릇이 아니라는 것이다.

이 책에는 미국의 인류학자 저넬 테일러Janelle Taylor가 치매에 걸린 어머니를 겪으며 깨달은 통찰이 실려 있다. 딸을 알아보지 못해도 친근한 방문객으로 맞이하고 체화된 습관이 여전히 남아 있는 어머니를 대하며 테일러는 "앞뒤가 맞지 않지만 어떻게든 이어지는 어머니와의 대화 속에서 대화는 우리가 흔히 생각하는 것처럼 '의사소통'이 아니라 서로 말을 '주고받는' 제스처라는 것"을 깨닫는다.

그는 "누군가를 하나의 인격 혹은 사람으로 만드는 것은 그 사람이 가진 인지능력이 아니라 지금 이 순간을 살아가는 그 사람에 대해, 그리고 그 사람과 내가 주고받는 제스처들에 대해 내가 기울이는 관심, 무의미해 보이는 그 사람의 몸짓들이 의미를 갖게 하는 관계와 돌봄의 제스처"[13]라고 말한다.

존엄은 그렇게 이어지는 삶에 있을 것이다. 아버지와 이전과 같은 의사소통은 불가능해졌지만 서로 어긋나는 문답으로라도, 끄덕이는 고갯짓이나 눈빛, 손을 잡고 살짝 힘을 주는 것으로도 '대화'가 가능하다. 아버지의 혼란에 맞추어 반응하고 뜬금없는 '아무 말'에 주의를 기울이다 보면, 아버지와 함께 웃거나 슬퍼할 수도 있게 된다. 그런 상호작용이 아버지의 현재의 삶을 구성하고 있는 게 아닐까.

손상된 삶의 의미를 이전과 다르게 바라볼 수 있게 되었다고 해도, 이 상황 자체가 주는 비애는 피할 수 없다. 할 수 있는 모든 것을 다 하면서도 어떻게 해야 할지 막막한 느낌이 계속 사라지지 않는다.

내가 갖는 가장 큰 두려움 중 하나는 아버지가 낯익은 얼굴 하나 없는 병원의 응급실이나 중환자실, 요양병원의 처치실에서 차가운 기계에 둘러싸인 채 돌아가시면 어떻게 하나 하는 공포다. 그렇게 되기 전에 집에 모셔 와야겠다고 다짐하지만, 집에서 한밤중에 갑작스러운 통증이 발생하거나 돌발적 상황이 벌어지면 어떻게 대처해야 할지도 두렵다.

여러 경우를 떠올려 보다, 생애 말기 돌봄의 방법

으로 가장 바람직해 보였던 것은 호스피스병원의 완화의료였다. 치료가 무의미해졌을 때 의료인의 도움을 받아 통증을 조절하고 인간적 돌봄을 받는 것이 존엄을 유지하면서 생을 마감하는 가장 나은 방식인 것 같았다.

그런데 호스피스병동을 미리 알아두려고 검색하다가 깜짝 놀라고 말았다. 아버지에게는 생애 말기에 호스피스를 이용할 수 있는 '자격'이 없다. 연명의료결정법은 호스피스를 이용할 수 있는 질환을 암, 후천성면역결핍증, 만성폐쇄성호흡기질환, 만성간경화, 만성호흡부전으로 제한하고 있다. 그래야만 하는 별다른 이유는 없어 보인다. 한국 호스피스·완화의료학회도 법 제정 이후 6년이 지나도록 호스피스 이용 가능 질환이 이렇게 제한된 것이 문제라고 지적하는 것을 보면 말이다.[14] 학회에 따르면 그마저도 인프라가 부족해, 대상이 되는 환자 중 21.3%만이 호스피스 돌봄을 받고 있다고 한다.

2022년 6월에는 말기 환자의 의사 조력 자살을 가능하게 하자는 내용이 포함된 연명의료결정법 개정안이 국회에 발의되었다. 나는 한국 사회에서도 의사 조력 자살 또는 안락사에 대한 논의가 활발해지기를 기대하지만, 호스피스에 대한 접근성이 현재와 같은 수준인 상태에서 의사 조력 자살을 도입하는 것에는 반대한다. 호스피스의 인프라 부족과 이용 가능한 질병의 제한을 그대로 둔 채 의사 조력 자살을 도입한다면, 죽음의 부익부 빈익빈만 부추기는 결과를 낳을 것이다. 존엄한 죽음에 대한 접근성이 지금처럼 협소한 상태로 방치되어서는 안 된다.

생의 마지막에 누가 나를 대리해 줄까

아버지를 보며 에이징 솔로인 내가 느끼는 또 하나의 암담함은 "'나 같은 딸'이 없는 나는 나중에 어떻게 하나" 같은 걱정이었다.

노화로 인지기능을 잃게 된다면 길게 와병하고 삶을 마무리할 때, 누가 나 대신 중요한 의사결정을 내려 줄 수 있을지가 걱정이다. 2022년에 아버지를 여읜 최은주도 비슷한 걱정을 했다.

> "아버지를 간병하다 보니 이 상태면 어떤 치료가 필요하고, 어디를 가야 하고, 간병인은 어디서 구하고 등등 처리해야 할 사무적 절차가 많다는 걸 절감했어요. 그 일이 주는 피로도도 상당하고요. 내가 나이 들었을 때 친구들과 서로

의지해 산다고 해도 이건 친구가 맡아서 처리해
줄 수 있는 문제가 아닌 것 같아요."

그의 말마따나 친구와 서로 의지하고 돌보면서 살
더라도 생의 막바지에 이르러 자칫 운이 나쁘면 노인이
노인을 돌보면서 둘 다 악화하는 '노노老老 간병'의 상황
에 부닥칠 수도 있는 것이다. 나를 위한 의사결정을 해
줄 사람으로는 친구 말고 다른 사람이 필요하지 않을까.
박진영도 돈 말고 필요한 노후 준비로 "인생 막바지에
나를 대리해 줄 사람"을 꼽았다.

> "대개 자녀가 그 역할을 할 텐데, 전 자식이
> 없기도 하지만 만약 있다고 해도 자식에게
> 그런 일을 시키고 싶지 않을 거 같아요. 차라리
> 그런 일을 해주는 대리인에게 합당하게 비용을
> 지불하고 맡길 수 있으면 좋겠고, 자식한테는
> 안 시키고 싶어요. 내가 정신이 멀쩡할 때
> 그런 일을 위임할 수 있는 관계를 만드는 것이
> 제도적으로 가능해지면 좋겠어요."

대부분의 에이징 솔로가 막연하게 친구랑 어떻게

든 하겠지, 원가족 중 누군가 하겠지 생각하지만, 대책
이 없는 게 사실이다. 지은숙 박사는 나이 들어 죽음을
앞둔 솔로인 나를 누가 대리해 줄 것인가의 문제는 "계
급 문제"라고 말했다. 일본에서든 한국에서든 개인이
이 문제의 대책을 세울 때 경제적·사회적 계급 차이가
확연히 나타난다는 것이다

> "일본에서 재산이 많거나 지위가 높은 솔로는
> 양녀를 들이거나 도와주는 사람을 구해요.
> 공식적인 양녀의 지위가 있어서, 자원이 많은
> 솔로는 대부분 양녀를 두고 업적과 재산을
> 관리하게 하고, 자신의 마지막을 의탁하죠.
> 한국은 그런 게 활발하지 않지만, 사회적 지위가
> 높고 돈이 있는 솔로는 어떤 식으로든 대책
> 마련이 가능해요."

중산층인 솔로는 친구들끼리 서로 해주자고 약속
한다거나 주변 사람 중에서 대리해 줄 만한 사람을 찾
는다. 다수의 에이징 솔로가 이런 미래를 계획한다. 이
때 문제는 가치관이 비슷하다고 생각했던 친구와 서로
돌봄을 주고받고 노후 대책을 함께 세우는 사적 관계로

진입하려고 하면, 각자의 가치관이 매우 다르다는 걸 발견하게 되면서 갈등이 생길 수 있다는 것이다.

> "혼자 살아왔어도 미래에 대한 상상이나 가치관에는 원가족이 재산을 축적해 온 방식이나 자산을 바라보는 관점이 강하게 남아 있는 것 같아요. 예컨대 어떤 친구는 살던 아파트를 팔아 상가주택을 마련해서 친구들이랑 모여 살자는 둥 이야기를 하는데, 이건 아파트로 재산을 축적해 온 중산층만이 할 수 있는 생각인 거죠. 나랑 같은 사람이라고 생각했는데, 다른 사람인 거예요. 그렇게 사적 관계에 대해 생각하는 방식이 달라서 갈등을 빚는 경우가 잦아요."

그래도 중산층 정도면 차이의 해결이 불가능하지는 않다. 문제는 자원이 거의 없는 사람들이다. "자원이 적은 사람은 서로의 후견인이 되어주자고 말할 만한 대상도 없고, 아무 대책을 세울 수 없는" 상태에 처해 있기에 십상이다.

죽음을 앞둔 삶의 마지막 시기에 누가 나를 대리하

며 뒷정리를 해줄지 하는 문제가 지 박사의 말대로 계급 문제인 건 맞지만, 나는 한국 사회의 완고한 가족 중심적 제도의 문제도 크다고 본다. 앞에서 살펴봤듯 병원에서는 환자에게 어떤 치료, 입원, 수술이 필요한지를 설명하고 동의를 받을 대상으로 거의 늘 가족을 요구한다. 아무리 환자와 친밀하고 환자에게 중요한 사람이어도 그가 가족이 아니면 배제되기 쉽다.

죽음을 앞둔 상태에서는 어떤가. 몇 년 전 사전연명의료의향서 작성을 위한 필수교육을 받다가 씁쓸해졌던 대목이 있다. 연명의료결정법은 환자가 연명 의료를 결정할 의사능력이 없을 때 환자를 대신해 의사결정을 하려면 배우자와 1촌 이내의 직계가족 전원의 합의가 있어야 한다고 규정하고 있다. 이런 사람이 없으면 2촌 이내의 직계가족, 형제자매 등 혈연으로 연결된 가족만이 의사결정에 참여할 수 있다고 정해두었다. 같이 교육을 받던 이는 "가족이 없으면 죽기도 어렵구나" 하고 한탄했다.

또 현재의 후견인제도나 신탁은 인정받기 까다롭고, 권리가 제한되어 있거나 자산이 없는 사람에게는 접근 불가능해서 별 효용이 없다. 뒤에서 더 살펴보겠지만, 1인 가구가 의지할 수 있는 인생 마지막의 대리인 또는 후견인의 문제는 새로운 제도를 도입하는 입법과 정책적 개입이 절실한 사안이다.

고독사에 대한 공포 걷어내기

기초지방자치단체 공무원인 김다임의 업무 중 하나는 고독사 관리다. 그는 동료들과 몇 통씩 나눠 기초생활수급자거나 차상위 계층이고, 중증질환이 있는 고령 독거노인들을 관리한다. 최근에는 관리 대상이 중장년 1인 가구로까지 확대되었다.

그는 가족과 단절된 채 인지증을 앓던 노인이 혼자 살다가 집주인과의 분쟁으로 살 곳도 잃는 짠한 사례를 다루거나 고립된 비혼 노인을 볼 때면, 자신의 미래에 대해서도 좀 불안해진다고 했다.

> "그렇게까지는 아니겠지만, 그래도 같이 지내던
> 친구들이 혹시 먼저 가거나 내가 인지증에
> 걸리면 방법이 없잖아요. 근데 아무리 생각해도
> 사실 대책이 없어요. 그냥 건강관리 잘하고,
> 주변 친구들 관리 잘하고, 그렇게 지금 잘
> 살아야 노년에도 좀 괜찮겠다는 정도의 생각이

전부죠."

　내가 독거노인의 고독사 방지에 인공지능 로봇 같은 기술이 도움이 되느냐고 물으니, 김다임은 혼자 사는 노인들을 위한 '서울 살피미' 앱을 보여주었다. 미리 설정해 둔 일정 시간 동안 핸드폰 사용 이력이 없으면 비상 연락처로 메시지를 보내주는 앱이다. 이 말을 듣고 혼자 사는 어머니의 핸드폰에 앱을 설치해 뒀는데, 이게 얼마나 위기 대응에 효과적일지는 모르겠다. 전력 사용을 모니터링해 일정 시간 이상 변화가 감지되지 않으면 긴급 구호자에게 위험을 알리는 '스마트 돌봄 플러그' 사업도 시행 중인데, 복지 공무원이 이 신호를 꼼꼼히 살피지 않으면 소용이 없다. 실제로 2021년 말 서울시 종로구에서 60대 남성이 고독사한 사건의 경우, 집에 돌봄 플러그가 설치돼 있어서 주민센터로 위험 신고가 접수됐지만 센터 직원이 이를 놓쳐 몇 시간 뒤 이웃 주민의 신고를 받고서야 상황을 파악할 수 있었다.[15]

　서울시는 사망한 지 72시간 이후 발견되면 고독사로 분류한다. 서울시에서 발생하는 고독사의 20%는 기존 사회복지망에 편입되지 않은 비수급자들이라고 한다. 이들의 공통점은 하나같이 주변과의 관계가 단절되

어 있었다는 점이다. 자의든 타의든 가족, 지인과의 왕래가 드물었고 이웃도 이들의 존재를 몰랐다.[16]

고독사를 막는 것은 '관계'다. 서울시 서초구 어르신 행복e음센터의 '친구 모임방' 사업은 홀로 사는 노인들 사이에 관계를 만들어 고독사를 막는 지역사업의 성공 사례로 꼽힌다. 모임장이 주 1회 이상 자신의 집에 노인 회원들을 초대하고 서로의 안부를 챙기면 지자체가 모임방의 수도세, 전기세 등 공과금을 지원한다. 2015년 독거노인 5명으로 시작한 사업이 6년 만에 180명이 참여하는 40개 모임으로 확대되었다. 그 결과 2019년부터 2021년까지 서울시에서 고독사가 총 187건 발생했지만 서초구에서는 고독사가 1건도 일어나지 않았다고 한다.[17]

혼자 사는 사람이 늘어나서 고독사가 느는 게 아니라 고립이 고독사를 만드는 것이다. 사회학자 우에노 지즈코는 『집에서 혼자 죽기를 권하다』에서 비혼 여성들은 대다수가 친구 네트워크를 갖고 있어서 고독사를 두려워할 필요가 없다고 말했는데 아니나 다를까, 내가 만난 에이징 솔로 중에서도 고독사가 가끔 걱정된다고 말한 사람은 현재 그 업무를 담당하는 김다임을 제외하고는 없었다.

오희진은 "고독사를 하게 된다면 받아들여야 하겠지만 고독사라는 개념 자체를 다시 생각해봐야 한다"라면서 "고독하게 산 사람이 고독사한다"라고 말했다. 남지원도 "혼자 사는 사람의 고독사에 대한 공포가 다소 과장되었다고 느낄 때가 있다"라고 말했다.

> "바닥이 투명한 엘리베이터를 타고 높은 데 올라가면 무너질 리 없는데도 무섭잖아요. 그것처럼 (고독사도) 사회가 만들어 낸 공포죠. 물론 이런 상황일 때는 어떤 선택지가 있다든지 알아보며 뭐든 준비는 해야 하겠지요. 그렇지만 혼자 사는 것을 선택한 사람들에게 고독사 공포를 말하는 건 교통사고가 날 거니까 차 타지 말라고 하는 것이나 마찬가지예요. 10명 중 1명이 교통사고로 죽는다고 내가 차를 타지 않을 수는 없잖아요."

우에노 지즈코는 혼자 사는 노인이 혼자서 죽는 게 뭐가 나쁘냐면서 고독사 대신 "재택사"라고 부르자고 제안했다. 그는 『누구나 혼자인 시대의 죽음』에서 "자기 집에서 살면서 방문 간병, 방문 간호, 방문 의료 3종 세

트를 추가"하면 충분히 혼자 살고 혼자 죽을 수 있다고
말한다.

　　일본의 간병보험(개호보험)은 전담 케어 매니저가 돌
봄 플랜을 짜고, 요양보호사·간호사·의사의 가정 방문
서비스를 포함한 통원 서비스를 포괄 제공하고 있어서
이 제도에 기대어 자기 집에서 마지막을 준비하는 것이
한국에서보다 수월해 보인다. 한국에도 장기요양보험
이 있지만 재택 간병에 활용하기에 턱없이 불충분하다.
요양보호사 서비스와 요양용품 대여·구매, 주간보호시
설과 요양원 이용이 전부다. 전담 케어 매니저가 없어서
각각의 서비스를 교차해 이용하려면 각자 알아서 준비
하는 수밖에 없다. 의사의 가정 방문 서비스도 현재 일
부 시범지역을 제외하고는 보편화되어 있지 않다. 현재
상황에서는 집에서 죽으면 의사의 사망 선고를 받을 수
없어서 경찰에 변사 사건 신고를 해야 한다. 어떨 때는
국내의 장기요양보험은 돌봄이 필요한 노인들을 시설
에 보내려는 목적으로 만들어진 보험이 아닌가 의심스
럽기까지 하다.

　　어쨌거나 '재택근무'처럼 '재택사'라고 부르면 고독
사의 불길하고 처연한 기운은 줄어들지도 모르겠다. 그
런데 나는 가능하면 살던 집에서 죽기를 바라지만, 그렇

지 않는다고 해서 그게 꼭 나에게 불행한 일일 거라고 생각하지 않는다. 집에서 가족과 함께 살아도 어쩌다 혼자 죽는 일이 일어날 수 있고, 병원이나 요양원에서 지내도 누가 지켜보지 않을 때 혼자 죽을 수 있다. 중요한 것은 살아 있을 때 고립되지 않고 생의 마지막까지 인간적 돌봄을 받을 수 있느냐 하는 문제다.

의료인류학자 송병기는 "누구는 집에서(시설에서도) 빈틈없는 돌봄을 받으며 임종하고, 다른 누구는 집에(시설에서도) 고립되어 사망한다. 생애 말기 돌봄이 환자와 돌봄 제공자의 '삶의 조건'에 따라 크게 달라지기 때문"이라고 지적했다.[18]

과거 집안에서 여성이 도맡아 온 생애 말기 돌봄은, 이제 주로 여성인 간병인과 요양보호사에게 이전되고 여전히 전문성이 필요 없는 허드렛일로 간주된다. 국내의 생애 말기 돌봄 시장은 거의 조선족 중노년 여성 간병인이 떠받치고 있는 실정이다.

돌봄이 이렇게 '젠더화, 시장화'되고, 장기요양제도가 있어도 여전히 미흡한 상황에서 존엄한 돌봄과 인생의 마무리는 돈이 얼마나 많은가와 어떤 간병인을 만나는가 하는 운에 좌우된다. 송병기는 이를 각자도생에 빗대어 "각자도사各自圖死"라 불렀다. 삶의 마지막까지 자기

능력껏 알아서 잘 죽을 방법을 찾아내지 않으면 비참을 피할 수 없는 현실. 이는 단지 1인 가구에 국한된 문제가 아닌, 오늘날 한국 사회의 죽음의 풍경이다.

5. 할머니가 되어도 서로를 돌볼 수 있을까?

홀로 나이 들어갈 때도 사람을 지탱해 주는 것은 관계다. 사람에 따라 원하는 관계의 밀도와 거리는 제각각이겠지만 혼자서만 잘 늙어갈 수 있는 사람은 없고, 혼자서 늙어갈 필요도 없다. 앞서 살펴본 것처럼 에이징 솔로가 배우자와 자녀 없이도 다른 방식의 친밀한 관계들을 맺으며 살아가듯, 노년에도 어떤 방식으로든 함께할 관계가 필요하다.

앞 장에서 느슨한 관계를 맺고 함께 나이 들어가는 전주의 비혼 여성 공동체 비비를 소개했는데, 2022년 비비는 노년을 좀 더 구체적으로 상상하고 대비하기 위해 여성 주거 공동체 '비비사회적협동조합'을 설립했다.

비비가 여성 노인 공동체주택 마련을 추진한다는 이야기는 내게는 좀 의외였다. 비비는 이미 같은 아파트에서 이웃으로 살고 있고, 마을회관과도 같은 공간비비를 통해 늘 연결된 터다. 독립성과 연결의 욕구를 둘 다 충족하는, 내가 보기에는 이상적인 방식의 삶인데 왜 굳이 같이 사는 공동체를 만들려고 할까?

현실적으로는 비비 회원들이 지금 모여 사는 임대 아파트의 거주 기한이 50년으로 정해져 있다는 조건이 있다. 이 아파트에 살기 시작한 지 20년이 다 되어가므로 현재 40, 50대인 비비 회원들이 70, 80대가 되면 새로운 주거지를 찾아야 한다는 이야기다.

　　마을은 "뭔가 도모하고 움직일 수 있을 때 준비를 시작해야겠다는 마음이 컸고, 비혼 여성의 정체성보다 여성 노인의 정체성이 더 짙어지면 우리는 어떻게 변할지 고민한 결과"라고 설명했다.

> "공간비비가 마을회관 같은 역할을 하면서
> 가까이에 모여 살고 함께 활동하는 현재의
> 방식이 중년 때까지는 가능하겠죠. 그런데
> 우리가 더 나이 들어 공간비비를 운영하기
> 어려운 상황이 오면 어떻게 될까, 비혼으로
> 늙는 것이 어떤 경험일까를 고민하게 됐어요.
> 지금까지 살아온 방식이 노년에 가능하지
> 않다면 어떻게 해야 하나 생각하면서 노인
> 공동체주택을 떠올렸지요. 가족 같은 개념으로
> 같이 살면서 병구완해 주는 걸 상상한 게
> 아니라, 노인이 되어서도 내가 나로서 잘 살 수

있는 물리적인 공간과 인적 네트워크를 갖고,
뭔가에 도전해 볼 수 있는 기지를 만들고 싶다는
생각인 거죠."

독립 후 여덟 번 이사해서 지금 사는 임대아파트에 입주한 봄봄은 "현재 삶의 방식이 내 취향에 딱 맞아 이보다 더 좋을 수는 없다는 심정"이라고 한다. 그러나 그역시 "늙어서도 혼자 잘 움직이며 살기를 바라지만 그건 알 수 없는 일이 아닌가. 중년까지는 가까이 모여 사는 정도만으로도 충족된 삶을 살 수 있지만, 노년에는 지금보다 좀 더 긴밀한 공동체성, 더 작은 울타리가 필요하지 않을까 하는 생각이 들었다"라고 했다.

서로를 감당하며 살아가는 노년

무엇이든 함께 공부하고 의논하면서 과제를 해결하는 비비의 방식은 여성 노인 주거 공동체를 준비하는 작업에서도 두드러졌다. 2021년에 전주시 사회혁신센터의 지원사업을 따 「중노년 여성 1인 가구 주거 공동체의 필요성과 의미」에 대한 연구를 마쳤고, 2022년에는 「주거 공동체 사례연구를 통한 전주형 사회주택의 방향성 모색」 연구를 진행했다. 비비는 이미 2019년에 영국 런던의 '뉴 그라운드', 프랑스 파리의 '바바야가의 집' 등 여성 노인들이 함께 사는 사회적 주택을 탐방하는 연구를 진행하면서 관련 지식을 차곡차곡 쌓아오고 있었다.

"해외 연구를 진행하면서 이상적 모델로 봤던 곳이 영국의 '나이 든 여성들의 코하우징Older Women's Co-Housing' 커뮤니티가 설립한 주택 뉴 그라운드예요. 결혼 경험, 자녀 유무와 상관없이 50세 이상의 여성 1인 가구가 입주하는 공동체주택인데 총 25가구 중 18가구는 자가, 7가구는 임대 세대입니다. 임대 세대는 '여성을 위한 주택'이라는 비영리단체와 연계해 지원을 받고요. 어떤 형태로 입주했던 권리는 똑같습니다. 삶의 이력이 어떠하든 상관없고 자산이 있거나 없는 사람, 고학력자이거나 그렇지 않은 사람 등 다양한 사람들이 섞여 살아가는 구조죠. 25가구인데 소모임이 27개일 정도로 모임이 활발하지만, 입주민 모두를 모이게 하는 활동은 별로 없어요. 함께 살지만 집단적이지 않은 것도 이곳의 장점이고요.

이 공간을 기획하고 준비한 사람은 6명인데 준비에만 20년이 걸렸대요. 2016년 입주할 때 그들 중 실제 입주한 사람은 1명뿐이라고 해요. 아, 우리도 더 나이 들기 전에 일찍 시작해야 하겠구나 생각하게 됐죠." (마을)

옆에 있던 주얼이 "우리는 빠르기로 유명한 한국 사람이니까 10년이면 승부가 나지 않을까요" 하고 거들었다.

비비는 2021년 여성 노인 주거 공동체에 관한 연구를 진행할 당시 이 공동체에 참가할 의사가 있는 사람을 공개 모집해서, 중년에 이른 4050 비혼 여성의 삶과 미래 전망을 함께 이야기하는 방식을 채택했다. 나는 2021년 12월에 열린 연구 결과 발표회에 참석해 연구 참여자들이 노년에 어떤 관계를 상상하고 있는지를 들을 수 있었다.[19]

이들은 자신의 삶에 집중하는 일련의 선택을 거쳐 비혼이 되었고, 연구 과정에서 가장 자주 등장한 단어가 '책임감', '스스로'일 정도로 자기 주도적인 삶을 설계하고 살아왔다. 노안이 오고 관절이 약해지면서 나이 듦을 체감하게 되지만, 이들에게 나이 듦이 꼭 나쁜 경험만은 아니다. 더는 여성성을 의식하지 않아도 되니 자연스럽게 온전한 인간이 되어간다는 느낌을 말한 사람도 있었고, 성과에 쫓기지 않고 존재하는 것만으로도 평온하게 있을 수 있어 좋다고 말한 사람도 있었다. 그러나 젊을 때만큼 활동성이 따라주지 못할 노년에 대한 불안은 모두 공유하고 있었다.

비혼 여성들은 독립성을 중시하는 방식으로 오래 살아왔지만, 노년에는 모든 이가 그렇듯 누군가의 도움을 받는 것이 불가피하다. 연구 참여자들은 노년의 독립과 의존을 잇는 연결의 끈으로 서로 돌보는 공동체를 떠올렸으나, 각자가 상상하는 돌봄과 공동체의 그림은 약간씩 달랐다. 누구는 같은 공간에서 지내야 서로 돌보기가 수월해질 거라고 상상하는가 하면, 또 어떤 사람은 공동체에서 거주자가 다른 거주자를 돌보는 건 곤란하다고 했고 의무감이나 죄의식을 수반할 거라며 걱정했다. 공동체 내의 돌봄이 서로의 선한 의지에 기대는 게 아니라 시스템이 되어야 한다고 생각하는 사람도 있었다.

마을은 "노년에 어떤 방식의 돌봄이 최적일지는 서로 논의하고 찾아가야 하겠지만, 일단 부모 돌봄과는 다른 형태여야 할 거고 자기 돌봄과 서로 돌봄이 가능해야 한다는 것을 전제로 해야 하지 않을까"라고 했다.

"이웃과 친구 관계에서 일방적 돌봄은
가능하지 않으니까요. 영국 뉴 그라운드에선
입주자가 아플 때 병원에 동행하고, 도와줄
수 있는 걸 챙기고, 서로 돌보는 것이
공동생활의 원칙이지만, 입주자가 기본적인
자기 돌봄도 불가능한 상태가 되면 병원이든
전문 간병인이든 사회적 도움을 받는다고
하더라고요. 서로 짐이 되어 모두가 불행해지면
안 되니까요. 인지증에 걸리면 뉴 그라운드에서
나가야 하느냐고 물었더니 그것도 개인의
결정인데, 그곳엔 문이 하나라 노인이
배회하더라도 길을 잃어버릴 염려는 없다고
해요. 공동체가 안전한 울타리기는 해도 어떤
기준 이상을 돌볼 수는 없다는 게 분명한 거죠.
아직 우리는 그런 이야기를 깊이 해본 것은
아닌데, 연구 참여자 중엔 그런 상황이 되면
자기는 병원에 가겠다고 한 사람이 많았고,
필요하면 사전 동의하에 요양보호사나 간병인이
들어오게 하면 되지 않느냐는 의견도 있었어요.

더 논의하고 경험을 연구해 보면 맞춤한 돌봄의
적정선을 찾을 수 있을 거예요."

그는 거주를 함께하는 공동체, 그것도 노년의 공동
체를 경험해 본 적이 없으면서도 크게 걱정하지 않는
이유가 느슨한 공동체인 비비를 해오면서 알게 된 "견
디는 힘"에 대한 신뢰 덕택이라고 했다.

"서로서로 견디는 힘만 있으면 다른 건
헤쳐나갈 수 있어요. 누군가를 견디지 않고
가능한, 그렇게 아름답기만 한 관계가 있나요?
그런 건 없어요. 그런데 좋으니까 견디는 거죠.
내가 좋아하는 사람이니까, 좋으니까 그만큼
어떤 부분은 감당해야 한다고 생각하는 마음을
갖는 거죠. 누군가가 나를 감당해 주기 때문에
나도 누군가를 감당할 수 있는 마음이 공동체를
가능하게 해주는 기본 바탕이라고 생각합니다."

'노루목 향기'의 서로 돌봄
비비가 꿈꾸는 그림과 모양새는 다르지만 이미 그렇게

서로를 감당해 가며 공동체를 이루어 함께 사는 노년 여성들이 있다. 나와 만나 한참 에이징 솔로에 대한 수다를 떨었던 강미라가 어느 날 문득 이 할머니들 좀 보라며 링크를 보내주었다. 2021년 KBS 〈다큐온〉에서 방송된 '세 할머니의 유쾌한 동거'라는 이름의 영상으로, 당시 68세였던 동갑내기 여성 노인 3명이 함께 사는 이야기를 담고 있다.

친구들끼리 함께 살면서 늙어가는 이야기도 흥미로웠지만, 이들의 남다른 점은 마을의 혼자 사는 할머니들을 모아 집에서 그림 교실을 열고, 난타 공연을 하고, 맛집도 다니면서 스스로 살고 싶은 마을을 직접 만들어가고 있다는 점이다. 2021년부터는 인근의 공동육아 공동체인 '산북 작은 놀이터'의 아이들이 이들의 집인 '노루목 향기'에 격주로 놀러와 넓은 잔디밭에서 물총놀이를 하며 뛰어논다. 노년에 접어든 세 여성이 서로에게 기대어 살면서 시작된 돌봄의 품이 마을의 노인에게로, 아이들에게로 확장되어 간 것이다.

인터뷰는 뭐 하러 하느냐며 그냥 놀러 오라던 이들을 만나러 경기도 여주의 노루목 향기를 찾아간 때는 단풍이 물들던 2022년 늦가을 무렵이었다.[20] 곶감을 만들려고 꿰어놓은 감이 주렁주렁 달린 처마와 큰 마당을 품은 집은, 방송에서 본 것보다 훨씬 넓었다.

400평의 대지에 60평의 큰 집을 지었는데, 심재식은 "60평 집이 이렇게 클 줄 몰랐다"라면서 잘 몰라서 용기 있게 저지른 거라고 말했다.

2009년 심재식이 여행지에서 알게 된 이에게서 우연히 소개받은 터에 집을 짓고 50년 지기 친구인 이혜옥과 살다가, 마을에서 사귄 친구 이경옥이 몇 년 뒤 합류해 세 사람은 함께 살게 되었다. 평생 비혼으로 살아온 심재식과 이혜옥은 같은 직장에서 관리이사와 공장장으로 함께 일했다. 이경옥은 남편이 세상을 뜬 뒤 혼자 살던 집이 갑자기 팔리는 바람에 집을 구할 때까지 잠시 머물기로 하고 들어왔다가 눌러앉게 되었다고 했다.

도시에서 살던 사람들이 노후의 전원생활을 상상하다가도 이내 포기하는 결정적인 이유 중 하나는 집 가까이에 병원이 없다는 것이다. 심재식은 "살아보면 그건 괜한 두려움에 불과하다는 걸 알게 된다"라고 했다.

"여기 와서 나랑 이경옥이는 비염이 없어졌어요. 공기가 좋고 운동을 많이 하니까. 도시에선 한 달에 두세 번 가던 병원을 여기선 1년에 두세

번쯤 가나? 일단 가까이에 보건소가 있고 큰
병원은 여기서 30~40분 걸리는데 그건 서울도
마찬가지잖아요. 병원 멀다고 전혀 불편하지
않아요."

　세 사람은 각자 잘하는 일을 나눠 맡았다. 심재식과
이경옥은 주로 음식과 집 안 청소를, 이혜옥은 마당과
나무 관리를 담당한다. 같이 살지만 각자 독립된 방과
차를 갖고 있고, 전부 연금 생활자여서 1인당 30만 원
씩 갹출해 공동생활비로 쓴다. 심재식은 "같이 살려면
홀수가 좋다. 전체 인원이 짝수면 의사결정이 어렵다"
라고 공동생활의 팁을 귀띔해 줬다.
　이혜옥은 "세 사람이 함께 살면서 확실한 믿음을
갖게 된 건 서로 돌봄 덕분"이라고 했다. 서로 돌봄이라
고 해서 대단한 것은 아니고 건강한 끼니를 함께 챙기
고 일상을 보살피고 어려운 일은 같이 걱정해 주는 정
도지만, 그것이 만들어 내는 일상의 차이는 크다. 같이
살기 전에 암 투병을 했던 이경옥은 그 차이를 크게 느
낀다고 했다.

　"저는 혼자 14년쯤 살았는데 셋이 같이 살게

된 게 행운이에요. 여기서 살게 된 뒤로
꼬박꼬박 아침을 같이 챙겨 먹게 되고, 아프면
서로 살피면서 약도 갖다주고, 그런 게 참
좋더라고요. 혼자 있을 때는 끙끙 앓아도 나만
앓고 마는 거지 다른 사람은 모르잖아요. 그런데
여기선 친구들이 걱정해 주니까 '아, 나를
이렇게 생각해 주는 친구가 있어. 꼭 엄마 같다'
이런 마음이 들고 편안해졌어요. 그리고 같이
살아서 가장 좋은 건 여행이에요. 혼자 살 땐
여행 가고 싶어도 나설 엄두가 나지 않았는데
셋이 있으니까 '야, 가자' 하면 언제든 가는
거죠."

평생 달리 살아온 사람들의 공동생활이 쉬울 리는
없다. 심재식은 "친구였을 땐 서로 잘 아는 사이라고 생
각했는데 한 지붕 아래 사니까 백 가지 중 아흔아홉 가
지가 다르다"라고 했다.

"젊었더라면 벌써 헤어졌어요. 제가 여기
이사 올 때 큰 언니가 '왜 산골에 가서
귀양살이하느냐'라며 반대했어요. 그런데 셋이

사는 게 힘들어서 헤어질 생각을 한다고 하니까,
언니들이 '너 밥 굶는다'라며 반대하더라고요.
그 말도 맞는 것 같고 이 큰 집을 어떻게 할
엄두가 나질 않으니까 참아야겠다, 했죠. 그런데
나이가 70이 되어가니 마음이 달라져요. 밥
먹다가도 문득 얼굴을 쳐다보면 우리 셋 중
누군가는 먼저 갈 텐데 나는 언제까지 살까,
그런 생각이 들고. 살아 있는 동안 서로에게
잘해야 하겠구나, 하는 애틋한 마음이 생겨요."

이혜옥은 "내 인생에 크게 지장이 없다면 거슬리는
것을 봐도 못 본 척 그냥 넘어가 주는 게 나이 들면서
생긴 기술"이라고 거들었다.

"거슬린다고 말해봤자 싸움밖에 안 되잖아요.
남을 어떻게 이겨먹어요. 참는 것과 포기하는
것이 무슨 차이인지 잘 모르겠지만 이 나이에
혼자 살아서 뭐 하겠나, 그래도 혼자보다 셋이
나으니 지나가자, 하는 거죠. 저 친구가 나와
다르다는 거를 무심히 보면 되거든요. 그걸
무심히 보면 다툼이 안 일어나요."

서로 돌봄이 마을 돌봄으로

이들은 내가 찾아가기 며칠 전에도 마을 할머니들과 함께 주문진에 회를 먹으러 다녀왔다고 했다. 이혜옥은 지인이 가져다준 중고 승합차를 끌고 마을의 혼자 사는 할머니 8명과 함께 가끔 맛집 투어를 다닌다. 그뿐 아니라 노루목 향기에서는 마을 할머니들이 참여하는 풍물, 난타, 그림 그리기 등의 수업이 수시로 열린다.

> "2009년에 이사 왔는데 2012년에 주민들을
> 처음 만났어요. 마을 풍물패가 찾아와서
> 인원수가 부족하니까 행사에 나와달라고
> 부탁하더라고요. 그래서 갔다가 나중에는
> 여주시 행사에 나가서 사물놀이도 배우고,
> 이런저런 모임에 참석하면서 마을 사람들과
> 아는 사이가 됐죠." (이혜옥)

2014년부터 마을 사람들과 커피 마시며 수다 떠는 모임을 하기 시작한 것이 동아리 모임으로 발전했고, 2015년에는 텃밭을 잔디밭으로 바꾸면서 이 집 마당이 동네 놀이마당이 되었다.

"이사 와서 이런 일이 있으리라 상상도 못

했어요. 잔디를 깐 것도 공동체 모임 때문이

아니고 집이 너무 커서 팔고 작은 집으로

이사하려고 한 거예요. 잔디를 깔아야

집이 팔린다고 해서 그렇게 했는데 팔리지

않더라고요. 그냥 마음을 접었죠." (이혜옥)

코로나19로 실내 모임이 금지된 2020년에는 봄부터
가을까지 마당에 천막을 치고 야외 천막 교실을 운영했
다. 마당 수업이 열리는 날이면 이혜옥이 승합차를 몰고
마을을 돌며 노인들을 모셔 온다. 교육 기자재 구매와
강사 초빙은 농어촌희망재단과 여주시 평생학습센터의
지원을 받아 진행했다. 이제까지 경로당에서 아무런 학
습활동이 열리지 않았던 마을에 노루목 향기가 들어오
면서 마을의 노인들이 배우는 재미를 새롭게 알게 되었
다. 그림 전시회도, 난타 공연도 처음 해보는 것이고, 이
마당 수업에 와서 난생처음 색연필을 잡아봤다는 할머
니도 있다. 2021년부터는 산북 작은 놀이터의 아이들이
격주로 놀러 오면서 아이들과 같이 놀고 간식을 만들어
주는 게 노루목 향기의 또 하나의 일이 되었다.

"시골이라 아이들이 놀 곳이 많을 것 같지만
그렇지 않아요. 학교, 학원만 다니지 아이들이
모이는 공간이 너무 좁아요. 그래서 이곳에 놀러
오라고 했죠. 아이들이 우리들의 어린 친구예요.
저녁에 엄마가 올 때까지 놀다 가기도 하는데,
이렇게 어울리면서 이 마을이 아이들을 데리고
이사도 올 수 있는 곳이 되면 좋겠어요." (심재식)

아이들을 위한 간식비는 한 달에 20만 원쯤 드는데
이들이 댄다. 셋이서 공동생활을 하는 데에 그치지 않고
굳이 돈과 시간, 에너지를 써가며 마을 공동체활동을 하
는 이유는 단순했다. 재미다.

"내가 재미있어서 주민과 어울린 것이고, 내가
재미있는 일을 지속하려고 이런 일을 하는
거죠. (이런 일을 한 지) 올해(2022년)로 7년이
되어가는데, 미리 계획한 거는 없어요. 그냥
해볼까 싶으면 그때그때 '닥치고 실행'하는
거죠. 해봐야 아는 거니까요." (이혜옥)

앞으로는 어떻게 될까. 어떤 계획을 하고 있느냐고

물으니 세 사람은 미래에 대해 아무런 비전도, 계획도 없다고 손사래를 쳤다.

> "우리가 이제 70이에요. 내일 죽을지도
> 모르는데 무슨 계획이에요. 직장 다닐 때
> 쓰는 보고서 100% 실행하는 거 없잖아요.
> 마찬가지죠. 이 마당도 처음엔 텃밭이었는데
> 지금은 잔디밭이 되어 여기서 놀고 있잖아요.
> 내일도 어떻게 될지 모르는 거예요. 우리는
> 정말로 계획이 없어요. 그냥 뭐 '한번 해보자'
> 같은 당장의 희망 사항만 있는 거죠. 여기서
> 노는 아이들에게 기대하는 것도 없고, 그냥 그
> 아이들이 성인이 됐을 때 옛날에 시골 동네 세
> 할머니가 우리에게 잘해줬는데 우리도 남한테
> 잘하자, 뭐 그런 작은 기억만 남으면 되는 거죠.
> 그냥 재미있으니까 하는 거고, 뭐든 닥치면
> 하고, 할 수 있으면 하고. 그뿐이에요." (심재식)

이들이 이사 올 때 18가구던 마을은 지금 30가구
가 되었다. 이들은 "우리 영향이라고 할 수는 없을 것"
이라고 조심스러워했지만, 이들이 사는 주록리 3반에서

만 가구가 늘어난 것을 보면 이들이 불을 지핀 돌봄의 선순환이 끼친 영향도 클 것이다. 이들이 마을에서 함께 나이 드는 동안 서로 돌봄은 마을 돌봄의 탄탄한 둥지로 자라나고 있다.

4장
한국 사회에
솔로의 자리를 만들기

—'나'와 '우리'를 환대하는 제도를 꿈꾸며

1. 비혼에 대한 차별, 싱글리즘

'싱글리즘Singlism'이라는 단어가 있다. 사회심리학자 벨라 드파울루가 처음 사용한 말인데, 사전적 정의는 "결혼이 비혼보다 이상적이라고 생각하고 비혼자에게 편견을 갖는 것"을 뜻한다.

벨라 드파울루는 결혼한 부부에게 우위를 두고 혼자 사는 사람을 낮추어 보는 싱글리즘이 단지 태도에 그치는 것이 아니라 "사회의 법률·제도 등 모든 구조에 스며들어 있어서 일상에서 차별을 겪어본 적이 없다고 말하는 싱글들도 피해 갈 수 없다"라고 지적했다.[1]

그가 열거한 구조적 싱글리즘의 리스트는 삶의 거의 모든 영역에 걸쳐 있다. 이를테면 결혼한 사람에게만 혜택을 주고 그들만 보호하는 모든 법률은 싱글리즘에 해당한다. 결혼한 사람들만 보험, 통신 서비스, 패키지 여행, 멤버십, 대여 서비스, 문화예술시설 등에서 할인을 받고 싱글은 정가를 내야 한다면? 싱글리즘이다.

결혼한 사람만 배우자나 가족을 돌보기 위해 일터에서 휴가를 쓸 수 있고, 싱글은 가까운 친구나 형제자매를 돌보기 위한 휴가를 쓸 수 없다면? 싱글리즘이다.

병원에서 싱글에게 보호자로서 법적 가족의 동행을 요구한다면? 건강보험이 커플보다 싱글에게 더 비싸다면? 싱글리즘이다.

전·월세를 구할 때 집주인이 결혼한 사람만 선호한다면? 싱글이 살 만한 충분한 주거공간이 없다면? 싱글리즘이다.

대학 강의나 교과서가 결혼이나 가족을 다루면서 싱글은 다루지 않는다면? 학자들이 결혼과 전통적 가족, 낭만적 애정 관계는 연구하면서 싱글의 우정이나 싱글이 선택한 가족을 연구하지 않는다면? 싱글리즘이다.

벨라 드파울루는 "이 모든 구조화된 싱글리즘은 싱글의 삶이 커플의 삶보다 가치가 떨어진다는 메시지를 주입한다"라고 지적했다. "싱글은 커플과 같은 정도로 법과 제도에 의해 보호받고 시장에서 대우받을 가치가 없다는 메시지, 내게 가장 중요한 사람이 법률로 보호되는 배우자만큼 중요하지 않기에 돌보고 애도할 시간을 허락받을 수 없다는 메시지, 커플들이 누리는 할인이나 혜택 없이 싱글은 모든 비용을 다 내야 마땅하다는 메시지" 말이다.

오랜 세월 사회구조에 스며들어 관행이 되어버린 구조적 싱글리즘은 한국 사회에서도 혼자 사는 사람이라면 누구나 한 번쯤은 느껴봤을 일들이다. 구조적 싱글리즘은 결혼해서 아이를 낳아 키우는 것이 사회적 표준이고, 인간의 행복은 이 표준 경로를 통해서만 구현된다는 오래되고 낡은 믿음을 간신히 떠받치고 있는 골조다.

내가 만난 에이징 솔로들도 여러 유형의 싱글리즘을 이야기했는데, 가장 많이 거론한 것은 앞에서 다뤘던 주거 문제, 그리고 병원에서의 보호자와 돌봄 문제였다.

주거와 일터에서의 차별

비혼인 사람의 주택청약을 가로막는 걸림돌은 부양가족 수 가점인데, 벌점이 아니라 가점이므로 부당한 차별이 아니라는 주장도 간혹 듣는다.

그러나 이 가점이 청약 당락에 결정적이어서 거의 늘 1인 가구의 진입을 가로막는다면 차별적 요소가 있다고 할 수 있다. 청약 가점 만점(84점) 중 부양가족 수 가점(35점)이 가장 큰 비중을 차지하는데, 1인당 5점씩 가점되는 이 점수에서 1인 가구가 받을 수 있는 점수는 5점뿐이라 가족이 있는 같은 순위의 후보자에게 늘 밀릴 수밖에 없다. 한국법제연구원 장민선 연구위원은 「1인 가구 지원에 관한 헌법적 고찰」에서 "가점제도가

입주자 선정에 사실상 결정적 역할을 하게 된다면 그 위헌성 여부를 가릴 필요가 있다"라고 지적했다.[2]

비혼인 사람은 함께 살면서 서로 돌보는 비혼 동거인과 집을 공동 명의로 구입하려 할 때 공동으로 대출을 받기도 어렵고, 법적 가족이 아닌 경우 공공임대주택을 같이 신청하는 것도 불가능하다. 정부의 주택공급정책이 법적 가족만을 대상으로 상정하기 때문에 비혼 동거가구는 제도로부터 아무런 혜택을 받지 못하는 것이다.

또 앞에서 다룬 아름다운 돌봄 네트워크가 친구들 사이에서 실현되려면 가장 먼저 무엇이 필요할까? 돌볼 시간이다. 일자리의 안정성을 위협받지 않고도 잠시 일을 멈추고 시간을 내어 나에게 중요한 사람을 돌볼 수 있어야 한다. 2020년 1월 가족돌봄휴가가 도입됐지만 돌봄의 대상을 조부모, 부모, 배우자, 배우자의 부모, 자녀 또는 손자녀로 제한했다. 정세연은 "가족보다 더 가깝고 함께 사는 친구가 아플 때 비혼이라서 이 휴가를 쓸 수 없는 게 아쉽다. 외국에서는 같이 사는 친구가 아플 때도 가족돌봄휴가를 쓸 수 있다고 들었다"라고 지적했다.

일터는 솔로가 독립적 삶을 꾸려가기 위해 일하는 가장 중요한 공간이면서 동시에 원치 않아도 차별을 의식하며 살아가게 되는 곳이다.

휴일에 일해야 하는 경우 가장 먼저 호명되는 대상
은 주로 솔로다. 이주원은 "휴일에 회사에 나올 일이 있
으면 결혼한 사람들은 대부분 시댁이든 아이든 나오지
못할 이유가 있어서, 좀 흔쾌하지는 않았지만 내가 그냥
나왔다"라고 했다.

남지원은 "2003년 홍콩에서 사스SARS가 발발했을
때 고객사에 프레젠테이션을 하러 누군가는 꼭 가야 했
는데, 가족이 있는 직원들은 모두 제외되고 혼자인 내가
출장명령을 받았다. 원치 않았지만 내가 가는 수밖에 없
다고 받아들여야 했던 상황"이었다면서 "그렇게 남들이
꺼리는 출장을 가거나 철야 작업이 있을 때 비혼이라서
선택되는 경우가 많았다"라고 했다. 말하던 도중 그가
씁쓸하게 덧붙였다.

> "그런데 인생사 새옹지마라고, 그 전에 IMF
> 외환위기가 터졌을 땐 기혼인 여성 직원들이
> 가장 먼저 정리해고 됐잖아요. 혼자 버는 나는
> 생계를 의지할 다른 가족이 없으니까 그게
> 또 살아남는 이유가 되고요. 여성은 기혼이든
> 비혼이든 일터에서 쉽지 않은 세월이 참 길어요."

그의 말마따나 일터에서 기혼이든 비혼이든 여성이 겪는 불이익은 뿌리 깊다. 기혼 여성이 출산과 육아 등의 문제로 불이익을 받는 현실은 널리 알려졌지만 비혼 여성이 경험하는 불이익은 거의 논의되지 않는데, 2022년 4월 미국 《워싱턴포스트》에 흥미로운 연구가 실렸다.

사회학자들이 2008년과 2009년에 미국 내 톱5 경영전문대학원을 졸업한 MBA 학생들 수백 명을 추적 조사한 결과, 고학력 비혼 여성들이 일터에서 리더십 역량이 부족하다는 고정관념 때문에 불이익을 겪는 것으로 나타났다고 한다.[3]

비혼 여성들은 리더십을 발휘하기에는 너무 '남성적'(비혼 남성일 경우 장점으로 평가받는 속성인데도!)이라는 평가를 받거나, 흔히 여성에게 있을 거라고 기대되는 따뜻하고 관계적인 리더십 역량이 기혼 여성보다 부족하고 너무 까다롭다는 평가를 받는다고 한다. 소위 말하는 '여성적 리더십'이 부족하다는 뜻이다.

이 연구를 소개한 기사를 읽으며 기분이 씁쓸했다. 결혼과 출산, 양육을 하지 않아도 여성은 일터의 성별 역할에 대한 매우 강력한 고정관념에서 자유롭지 못한 것이다. 나는 흔하게 쓰이는 여성적 리더십이라는 표현이 못마땅하다. 흔히들 남을 배려하고 세심하고 관계 지향적이며 결과보다 과정을 중시하는 태도를 가리켜 여성적 리더십이라고 한다. 부드럽고 배려를 많이 하는 태도가 '여성적' 속성이라는 전제가 깔린 말이다.

그런데 과연 부드럽고 배려를 많이 하는 것이 여성의 생물학적 특성일까? 여성이 '돌보는 사람'으로 타고나기라도 했다는 걸까? 여태까지 리더의 자리에 오른 여성이 많지 않아서 그렇지, 앞으로 리더인 여성이 늘어나면 남성 못지않게 거칠고 공격적인 여성 리더도 많아지리라 생각한다. 지금은 리더 가운데 여성이 별로 없으니 이 사회가 원하는 여성적 속성을 끄집어내어 여성적 리더십이라고 부르는 것이다. 그리고 거기에 맞지 않는 사람에게는 '독한 여자'라는 딱지를 붙인다. 남성이 지배하는 사회에서 남성적 룰을 같이 밟아가며 성공하려는 여자, 야망을 드러내고 저돌적인 여자, 남성의 보호 아래 있지 않은 여자를 독하다고 부르며 배제하려 드는 것이다.[4]

'싱글세'와 가족의 문제

일터에서 세금과 관련해 연말정산 때만 되면 자주 터져

나오는 불만이 '싱글세' 논란이다. 배우자나 자녀 등 부양가족 인적공제가 연말정산 소득공제 중 규모가 가장 큰데, 이를 전혀 받을 수 없는 비혼들이 불만을 토로하는 것이다. 내가 만난 에이징 솔로들도 대화 도중 가끔 "우리가 싱글세를 내고 있는데" 같은 표현을 썼다. 나 역시 신용카드 사용액이나 일부 저축을 제외하면 공제를 받을 항목이 없는 걸 볼 때마다 입맛이 썼다.

실제로 싱글세가 있는지를 계산한 논문이 발표된 적이 있다. 2016년 세무학회 추계학술대회에서 서울시청 공인회계사 이윤주와 서울시립대학교 세무학과 교수 이영한은 「가구 유형에 따른 소득세 세 부담률 차이 분석」 논문을 발표했다.[5]

분석에 따르면 중간소득 구간(4,000만~6,000만 원) 기준 평균 유효세율은 독신 가구가 2.88%, 홑벌이 무자녀 가구가 2.53%, 홑벌이 두 자녀 가구가 1.24%인 것으로 나타났다. 독신 가구가 홑벌이 두 자녀 가구보다 2배의 세금을 더 내고 있다. 액수로 계산하면 연간 약 79만 원의 세금을 더 내는 셈이라고 한다.

그런데 이 차이를 두고 싱글세라고 부르는 것이 타당한지 나는 약간 망설여진다. 가족을 구성해 부양가족이 늘어나면 그만큼 필요경비는 늘어날 수밖에 없다. 그에 대해 추가적 공제를 해주는 것도 혼자 사는 사람들에 대한 차별인가는 좀 더 따져봐야 할 것 같다.

OECD 소속 주요 선진국들을 봐도 1인 가구가 세금을 더 많이 내는 것은 보편적 현상이다. OECD의 「2022 조세 격차 보고서Taxing Wages 2022」를 보면 독신 가구와 홑벌이 두 자녀 가구의 조세 격차가 OECD 평균은 10%p인 반면 한국은 4%p다. 미국의 경우 19.9%p, 독일 15.4%p, 프랑스 8%p, 스웨덴 5%p인 것에 비하면 한국에서의 격차는 사실 크지 않다.[6]

문제는 세금 액수의 차이가 아니라 1인 가구에 저소득층이 많아 조세 부담이 크다는 데에서 찾아야 할 것이다. 앞에서 언급한 세무학회 학술대회 발표 논문의 모태가 된 이윤주의 학위 논문[7]을 보면 분석 당시 "독신 가구의 평균 소득은 2,638만 원으로 저소득 구간에 몰린 반면, 외벌이 가구의 경우 4,045만 원으로 전 소득 구간에 넓게 분포"하고 있었다.

이윤주는 "세금에 대한 사람들의 불편한 인식은 남들보다 내가 더 많이 낸다는 데서 시작"하는데, 더 많이 내는지에 대한 판단 기준은 여러 가지가 있지만 "당장 눈에 보이는 명목소득에 대해 사람마다 (세금을) 다르게 내게 된다는 인식은 반발을 불러일으킬 수밖에 없다"라고 썼다.

옆자리 입사 동기와 명목소득이 비슷한데 혼자 산다는 이유로 세금을 더 많이 낸다면 마음이 불편해지는 건 당연지사일 것이다. 더욱이 1인 가구가 저소득 구간에 몰려 있고 경제력이 뒷받침되지 않아 결혼하고 출산할 엄두를 내기 어려운 상황인데, 가족 구성의 부담을 덜어줄 사회적 제도조차 미흡하다면 왜 세금까지 더 내야 하느냐는 반발이 나올 수밖에 없다.

이윤주는 "출산 장려나 자녀에 대한 혜택을 제공하는 것에 대한 사회적 합의는 충분하지만, 이를 세금을 감면하는 방식으로 진행할지, 현금 보조 혜택을 줄지는 선택의 문제"라면서 "저출산에 대한 세제 혜택을 제공한다면 취약 계층으로 전락하기 쉬운 1인 가구를 위한 다양한 세제 혜택 역시 고민돼야 한다"라고 결론지었다.

1인 가구와 다인 가구의 세율 격차보다 되레 내가 문제라고 생각하는 것은 다인 가구의 각종 공제 항목이 법적 가족만을 대상으로 하고 있다는 점이다. 함께 살면서 혈연가족보다 더 긴밀하게 서로를 부양하며 경제 공동체를 이루고 살아가는 비혼 동거 가구나 생활공동체는 법적 가족이 아니라는 이유로 아무런 인정을 받지 못하고 있다는 점이 더 큰 문제다. 지금은 소득세의 인적공제 대상도 본인과 배우자, 직계존비속 등에 한정되어 있고 건강보험의 피부양자 자격도 가입자의 배우자, 직계존비속 등 법적 가족으로 제한되어 있다. 앞에서 언급한 주택청약에서 부양가족 수 가점을 계산할 때도 같은 세대별 주민등록표에 등재된 직계존비속만을 대상으로 한다.

가족구성권연구소 대표 김순남의 책『가족을 구성할 권리』에 따르면 호주의 경우 국세청이 세금공제의 대상으로 인정하는 경제적인 상호협조 관계의 범위가 넓어서 실질적 돌봄의 관계망도 포함된다고 한다. 즉, "배우자를 정의하는 데도 제도적 결혼 여부를 따지지 않고, 자녀의 경우에도 생물학적인 자녀, 입양한 자녀, 의붓자녀, 실질적으로 자녀 관계인 대상까지 폭넓게 포함"하며 "실제 삶에서의 다양한 상호의존 관계망이 주거 비용이나 생활비 지출 증빙 등을 통해 제도적 관계망 안으로 들어올 수 있도록" 하고 있다는 것이다.

나이 든 비혼 여성에 대한 낙인

본인이 느끼는 삶의 만족도와 별개로 비혼인 사람에 대한 사회의 편견은 청년과 노인일 때보다 중년일 때 더 심한 것 같다. 청년은 '아직 젊으니까', 노인은 '사별로 혼자가 되어' 그런가 보다 하지만, 중년에 혼자인 사람은 '무슨 문제가 있길래?' 하며 바라보기 때문이다.

김지현은 "우리 사회에서는 나이 먹은 비혼 여성의 지위가 정말 낮다"라며 분개했다.

> "직장에서도 나이 든 비혼 여성을 초라하고 불쌍하거나, 아니면 재수 없게 기가 센 여자로 보는 시선이 있어요. 기혼 남녀뿐 아니라 젊은 비혼 남녀도 나이 든 비혼 여성에 대해 그런 시선을 갖고 있다는 걸 느낄 때가 많아요. 업신여기고 우습게 보죠. 한국 사회에서 비혼 여성이라는 것은 보호자가 없다는 뜻인데, 다른 여성은 남편이 무서워서 못 건드리면서 무서워할 남편이 없는 나는 공격하기 쉬운 대상인 거죠. 건드렸다가 내가 화를 내면 노처녀 히스테리라고 되레 비난하고."

남지원도 "일하면서 비혼 여성으로서 가장 언짢았던 기억은 고객이 오밤중에 술자리에 불러내서 희롱했던 경험들"이라고 했다.

"내 또래 일하는 여성이 많이 겪던 일이지만
비혼은 기혼 여성보다 그런 취급을 더 많이
받는 것 같다는 느낌이 들었어요. 그래서 일부러
손가락에 반지를 끼고 다녔죠."

　　김가영은 "이혼하고 혼자 살기 시작한 뒤에는 '남
자 사람 친구'를 만나는 것도 불편하다. 배우자들에게
오해받는 일이 있은 뒤부터 친한 친구가 남자면 꼭 다
른 친구를 불러내 셋이서 만난다. 기혼일 때는 그렇지
않았는데 이혼 이후 생긴 습관"이라고 했다.
　　나이 든 비혼 여성을 성적으로 방종하게 여기거나
위험한 존재로 취급하는 것은 이혼한 뒤 나도 곧잘 당
했던 일이다. 남편이 있을 때는 회식 자리에서 "이렇게
늦게까지 밖에 있어도 남편이 뭐라 안 하냐?"라고 묻
던 사람들이 이혼한 뒤에는 "기다리는 사람도 없는데
왜 벌써 집에 가?"로 말을 바꿨다. 부끄럽게도 나는 남
성 중심 직장에서 꽤 오래 나 자신을 명예 남성처럼 여
기고 살아왔는데, 비혼이 된 뒤 나도 약자라는 걸 뼈저
리게 깨닫는 경험들이 쌓였다. 여성이 겪는 문제들을 진
지하게 생각하기 시작했고 직장 내 성폭력에 대응하는
일에 팔을 걷고 나섰다. 나에게는 비혼으로 살기 시작한

것이 되레 존재에 대한 각성의 계기였던 셈이다.

사실 내가 '나는 누구인가'를 생각할 때 주로 떠올리는 요소들은 내가 이러저러한 일을 하고 무엇을 좋아하며 삶의 지향은 어떠한지 같은 조각들이다. 혼자 사는 문제를 나 자신의 정체성에 포함해 생각하기 시작한 것은 그리 오래된 일이 아니다. 어떤 특질에 대한 자의식이 약한 상태로 살아오다가도 다른 사람들과 제도가 나를 그 특질로 정의하면, 내가 원치 않아도 그 특질이 내 정체성을 구성하는 큰 조각이 되어버리는 듯하다. 내가 여성이라는 점이 그러했고, 혼자 사는 사람이라는 점이 그 뒤를 이었다.

어딜 가도 사람들이 모두 당연하다는 듯 중년 여성을 "사모님", "어머님"이라고 부르는 것도 그런 타인의 정의 중 한 예일 것이다. 중년 여성은 거의 늘 누군가의 배우자, 누군가의 엄마처럼 관계적 호칭으로 불린다. 그 관계가 없는 여성은 마치 존재하지 않는다는 듯, 있어서는 안 된다는 듯 말이다. 나는 누가 그렇게 부르면 둘 다 아니니 "손님"이나 "고객님"이라고 불러달라고 열심히 정정하다가 이제 귀찮아져서 그냥 내버려 둔다. 그러나 박인주는 개인적 캠페인 차원에서 끈질기게 정정하고 있다고 했다.

"누가 나를 그렇게 부를 때마다 '저 어머님
아닙니다', '사모님 아닙니다' 하고 꼭
말해주는데 그러면 상대가 '그럼 뭐라고 불러야
해요?' 하면서 짜증 낼 때도 있어요. 비혼이
늘어나니까 이런 호칭을 언짢아하는 사람이
많을 텐데, 참 오래가는 관행이에요."

　　에이징 솔로가 대수로울 것 없이 사회에 섞여 살아
가려면 아직도 시간이 더 많이 필요한 것일까. 여전히
비혼 여성에게 적대적이거나 차별적인 한국 사회의 태
도와 관행을 생각해 보면, 혼자 사는 사람이 계속 늘어
나는 것은 솔로들이 살기 좋은 사회가 되어서 그런 게
아니라 여전히 가족 중심적 사회이지만 '그럼에도 불구
하고' 늘어나는 것이라는 걸 새삼스럽게 깨닫게 된다.

2. 솔로를 포용하는 제도를 만들려면

확실히 소비자의 변화에 촉각을 곤두세우는 기업이 비혼 증가와 같은 변화에도 정부보다 발 빠르게 대응한다.

 LG유플러스는 2023년 1월부터 비혼을 선언한 직원에게도 결혼 축하금과 똑같은 혜택을 주는 '비혼지원금제도'를 운영하고 있다. 근속기간 5년 이상, 만 38세 이상인 직원이 회사 경조 게시판에 자신의 비혼 결정 사실을 알리면 결혼한 직원에게 주는 혜택과 똑같이 기본급 100%에 해당하는 축하금과 특별 유급휴가 5일을 지급한다. 롯데백화점도 2022년 9월부터 만 40세 이상인 결혼하지 않은 임직원에게 결혼하는 임직원과 똑같은 수준의 축의금과 유급휴가를 주는 '미혼경조비제도'를 운영하고 있다. 두 회사 모두 비혼 축하금과 휴가를 받은 사람이 결혼하는 경우 추가 혜택은 주지 않는다. 화장품 브랜드인 러쉬 코리아는 일찍이 2017년부터 비혼을 선언하는 임직원에게 여행을 위한 10일 휴가와 회사 축하금을 지급하고 있다. 지난 5년간 직원 15명이 이 제도를 이용했다고 한다.[8]

 앞서 소개한 공동 주거와 같은 형식의 주거 대안

역시 기업과 민간에서 활발하게 마련하고 있다.

건축사사무소 에이라운드 건축이 지은 공동체주택 '써드플레이스 홍은2'는 한 달에 한 번 1인 가구인 모든 세대원이 라운지에 모여 다 같이 밥을 먹는 모임인 '일월일식一月一食' 프로그램을 운영한다. 세 번 이상 빠지면 입주 보증기간인 2년 이후에 계약 연장이 안 된다고 한다. 입주자들은 도시 정원을 가꾸는 방법에 대한 세미나를 듣고, 직접 텃밭을 가꿀 1년 계획을 함께 짜보기도 한다.[9]

이와 같은 방식의 공동체 주거 또는 공동주택은 주로 청년 1인 가구 위주로 생겨나고 있지만, 나이 든 이들의 공동 주거 역시 기업형 고급 타운에서 지방자치단체가 만든 노인 공동주택까지 다양한 형태로 늘어나고 있다.

여러 유형의 가구가 공존하는 아파트형 공동체도 생겼다. 사회혁신기업 더함이 경기도 남양주와 고양에 지은 아파트 '위스테이'는 주변 시세보다 20%가량 저렴한 임대료로 최소 8년 동안 거주가 가능한 국내 최초의 협동조합형 공공지원 민간임대주택이다. 이곳에서는 주민들이 협동조합 조합원으로서 아파트 운영에 참여하고 함께 취미생활을 하며 마을 공동체를 이루어 살아간다. 이 밖에도 세대 간 공동 주거, 1인 가구 전용 주택단지 등 다양한 공동체주택의 모델이 민간에서 생겨나고 있다.

민간과 기업의 움직임에 비하면 정부의 제도 변화는 더디기 짝이 없지만, 그래도 약간씩 변화의 기미가 보일 때가 있다.

2022년 초 에이징 솔로들과 이야기를 나누던 중 정세연이 상속제도의 불합리함에 관한 이야기를 꺼냈다.

> "제가 죽은 뒤 물려줄 재산이 있다면 같이
> 살면서 서로 돌본 친구에게 주고 싶은데,
> 현행 제도대로라면 친구에게 다 줄 수 없고
> 형제에게 나눠줘야 해요. 형제가 나를 돌보지도
> 않았고 내 생활과 관련이 없는데 왜 그래야
> 하는지 모르겠어요. 외국에서는 자기가 키우던
> 고양이한테도 재산 주고 싶으면 다 줄 수
> 있다더라고요. 변호사를 통해 나의 모든 재산을
> 고양이에게 넘기고 고양이를 돌볼 후견인을
> 지정하는 거죠. 그렇게 내 재산은 내가 원하는
> 대로 처분할 수 있어야 하지 않나요?"

현행법에는 유언과 관계없이 유족이 일정한 유산을 상속할 권리를 정해둔 유류분제도가 있다. 부모를 여의고 배우자와 자녀가 없는 솔로가 함께 살던 친구에게 재산을 주겠다고 유언을 남겨도 형제자매가 권리를 주장하면 유류분제도에 따라 3분의 1을 줘야 한다.

정부는 이 조항이 1인 가구가 늘고 형제자매가 각자 독립적인 생계를 유지하는 현실과 맞지 않는다고 보고, 유류분 조항에서 형제자매를 삭제하는 민법개정안을 2022년 4월 5일 국무회의에서 의결했다. 이 민법개정안에는 결혼하지 않은 독신자도 친양자를 입양할 수 있도록 허용하는 방안도 포함되었다. 이 글을 쓰는 2023년 1월 현재 해당 개정안은 국회 법제사법위원회에 계류된 상태다. 이 개정안이 확정되리라 장담할 수 없지만, 변화의 필요에 대한 문제 제기는 이루어진 셈이다.

정세연과 함께 만나 이야기를 나눈 박인주는 생의 막바지에 비혼 1인 가구를 소외시키는 또 다른 제도로 장례절차를 꼽았다.

> "요즘 친구 부모상이 많아 조문 다니다 보면
> 비혼인 내가 세상을 떠나면 내 상주는 누가 되는
> 걸까? 동생일까, 조카일까? 그런 생각을 하게

돼요. 장례 문화도 지나치게 가족 중심이어서
이것도 다른 형태로 바뀌면 좋겠어요. 가장
가까운 친구가 상주가 될 수도 있는 거잖아요."

　　박인주의 말마따나 장사葬事 등에 관한 법률은 사망
한 사람의 시신을 인수해 장례를 치를 수 있는 순서를 정
해두었는데, 배우자·자녀·부모·형제자매 등 법적 가족에
집중되어 있어서 혈연관계와 법적 관계를 서류로 입증
할 수 있는 사람이 아니면 장례를 치를 방법이 없었다.
　　이 문제를 해결하고자 무연고 장례를 지원해 온 사
단법인 '나눔과나눔' 등이 꾸준히 노력해 온 결과 보건
복지부는 2020년 지침을 수정했다. 사실혼 관계, 친구,
지역공동체 등 삶의 동반자였던 사람도 장례를 치를 수
있도록 제도를 개선한 것이다. 2022년에는 제삼자가 가
족 대신 장례를 치르려 할 때 지방자치단체의 심의를
거치게 했던 규정도 삭제했다. 이제 사실혼 관계에 있는
사람이나 조카·며느리 같은 친족, 장기간 혹은 지속적
으로 동거·부양·돌봄 관계에 있는 사람도 장례를 치를
수 있게 되었다.[10] 그러나 개선된 방침이 법 개정이 아
니라 행정부 지침 변경에 불과하다는 한계가 있다.

가족이 돌보는 게 아니라 돌보는 사람이 가족

돌봄 없이 생존할 수 있는 사람은 없다. 오랜 세월 가족이 당연한 돌봄 제공자로 여겨져 왔지만, 점점 더 많은 사람이 리스크가 되어버린 가족 구성을 회피하거나 가족이 해체되는 상황에서 더는 가족에게 돌봄을 전담하게 할 수도 없고, 그렇게 해서도 안 된다. 이미 서로 돌보면서 친밀한 관계를 맺고 살아가는 사람들을 오로지 혈연과 혼인으로 연결된 가족이 아니라는 이유로 인정하지 않고 제도에서 배제하는 것은 정부가 국민을 배척하는 일이나 마찬가지인데, 그런 일이 현실에서 종종 일어난다.

예컨대 무급이라서 존재감이 미미했던 가족돌봄휴가가 코로나19로 부각됐고 팬데믹 상황에서 지원금이 지급됐지만, 가족돌봄휴가를 쓸 수 있는 대상인 가족은 혈연에 기반한 법적 가족으로만 제한되어 있다. 다른 나라들도 이럴까?

국회 입법조사처의 허민숙 입법조사관은 「가족 다양성의 현실과 정책 과제: 비친족 친밀한 관계의 가족 인정 필요성」[11] 보고서에서 가족돌봄휴가 대상에 혈연 가족뿐 아니라 '등록동반자, 동거인, 가족과 같이 친밀한 자'를 포함한 미국 10개 주 정부와 워싱턴 D.C.의 유급 가족돌봄휴가 관련 법률 현황을 소개했다. 예컨대

2019년 개정된 뉴저지주의 유급 가족휴가법은 가족의 범주를 "근로자가 가족과 같이 여기고 있는 친밀한 관계에 있는 자"로 규정했다.

미국 이외의 다른 국가들에서도 돌봄 관련 사안에서는 가족의 범주를 확장해 적용하고 있다. 스웨덴에서는 중한 질병을 앓는 매우 가까운 사람을 돌보게 되었을 때 정부로부터 돌봄 수당을 받을 수 있는데, 이때 "매우 가까운 사람closely-related person"은 말 그대로 돌봄을 받는 자와 매우 친밀한 관계에 있는 사람을 일컫는다. 즉 혈연이나 인척 관계가 아닌 친구나 이웃도 포함된다.

캐나다에서는 노동자가 누군가를 돌보기 위해 일하지 못할 때, 임금의 55%를 보전해 준다. 이때 돌봄을 받는 사람이 꼭 가족이거나 함께 사는 사람일 필요는 없다. "가족 돌봄을 인정받을 수 있는 단 하나의 요건은 근로자가 돌봄을 제공하려는 자를 가족으로 여기고 있는가 여부"라고 한다.

이 보고서는 가족돌봄휴가뿐 아니라 돌봄과 관련한 해외 주요국의 제도를 소개하고 있는데, 이에 따르면 "환자 본인이 의료 진료에 대한 동의를 행사할 수 없는 경우 환자를 대신하여 의료결정을 할 수 있는 대리인

제도를 운영하고 있으며, 이때 대리인이 반드시 '가족'일 필요는 없다. 자신의 평소 생각과 신념을 잘 알고 있는 친밀하고 신뢰할 수 있는 사람이면 충분하다"라고 한다.

예컨대 호주의 빅토리아주와 영국에서 성인은 자신을 대신하여 의료결정을 내릴 자를 임의로 선택할 수 있다. 미국에서는 성인이면 누구나 의료 관련 의사결정 대리인으로 건강돌봄대리인Health Care Agent을 지정할 수 있다. 뉴욕주의 경우 건강돌봄대리인의 요건을 "법정대리인, 배우자, 동거인, 부모, 18세 이상의 형제자매, 그리고 가까운 친구a close friend"로 법규에 예시하고 있다. 대부분의 주 정부에서 건강돌봄대리인이 미성년자, 건강 관련 기관의 이해관계자만 아니면 된다고 한다.

앞서 나는 사전연명의료의향서를 작성하면서 연명의료에 대한 환자 본인의 의사를 확인할 수 없는 경우에는, 가족관계증명서에 나오는 가족 전원의 동의에 의해서만 연명 의료결정을 내릴 수 있다는 규정을 알게 된 경험을 소개했다. 국내법은 혈족만이 그런 권리를 갖는 게 마땅하다고 정해놓았지만, 미국·영국·일본 등의 경우 환자를 가장 잘 대변할 수 있는 대리인의 범위를 혈연관계에 놓인 법적 가족으로만 국한하지 않는다.[12]

김순남은 『가족을 구성할 권리』에서 미국 '연명의

료결정법'에 대한 연구를 소개했다. 책에 따르면 미국 연명의료결정법에서 대리인은 법적 혈연가족이 아니어도 친구, 가까운 친척, 존경하는 지인 등 환자가 지정한 사람이 될 수 있으며, 서면 신청으로 대리인 변경도 가능하다. 대리인은 환자의 의료 정보에 접근할 수 있고, 담당 의사와 의료에 관한 사항을 의논할 수 있으며, 검사·시술·치료 등에 관한 결정을 내릴 수 있다. 뉴욕주의 대리인 지정 서식에는 대리인에게 위임하고 싶지 않은 결정의 상세 내용, 결정을 위임하는 기간 또는 요건, 대리인이 결정할 때 따라주기를 원하는 사항을 명시할 수 있다고 한다.[13]

나를 대리해 줄 사람의 제도화

법적 가족이 아니어도 친밀한 관계에 있는 사람이 돌봄과 의사결정에 참여할 권리를 가질 수 있어야 할 뿐만 아니라 친밀한 관계의 동거인이 없고 혼자 사는 사람도 생의 막바지에 나를 대리해 줄 사람을 가질 수 있어야 한다.

지은숙 박사는 같이 살지 않아도 중요한 결정을 함께 논의할 수 있고, 자신의 의견을 대리해 줄 수 있는 존재의 필요성을 강조했다.

　　"이를테면 은퇴해서 혼자 살고 있고 정기적으로
　　만나는 사람이 없는 70대 비혼 여성이
　　쓰러지거나 재난을 당했을 때, 자신을 위해
　　중요한 결정을 해줄 대리인을 지정할 수
　　있느냐 하는 문제죠. 도시에서 혼자 살아가는
　　사람들에게는 동거를 전제로 하지 않고도 내가
　　이 사람에게 위임하고 싶다는 이유만으로도
　　위임할 수 있고, 합의와 해소가 모두 쉬운
　　대리인 관계가 제도적으로 가장 필요하다고
　　생각해요. 사회적 가족이니 네트워크 가족이니
　　하는 '가족' 프레임을 씌우지 않아도 연결되어
　　있고 의지할 만한 대상은 누구에게나 꼭
　　필요해요."

　　그는 그런 제도는 제도 자체가 메시지이기도 하다
고 말했다.

　　"비혼 1인 가구라고 해서 어떤 사회적 관계도
　　맺지 못하는 게 아니라 원하면 이런 관계를 맺을

수 있고, 법적으로 등록할 수 있다는 가능성을
보여주는 것만으로도 큰 힘을 실어주는 거죠.
이건 꼭 비혼인 사람들에게만 해당하는 것도
아니에요. 기혼인 사람들도 혼자가 됐는데
자식에게 의지하고 싶지 않을 때는 이렇게 하면
되겠구나 생각할 수 있는 제도죠. 생활동반자가
되었든 대리인이 되었든 가족이 아닌 사람이
서로를 돌볼 수 있는 제도가 시급히 필요해요.
정부가 이런 제도 만들기를 계속 미루기만
하는데, 국가가 다 책임지고 돌볼 수 없는
사람들이 사회적으로 고립되고 더 열악해지면
어떻게 하려고 그러는지 모르겠어요."

같이 살지 않고 가족이 아닌 사람에게 나의 신상과
관련한 의사결정을 대리하도록 맡길 수 있는 제도가 아
예 없지는 않다. 이를테면 임의후견제도와 신탁제도가
있다. 그런데 둘 다 자세히 살펴보면 이거면 되겠다, 안
심하기에는 문제가 있다.

임의후견인제도는 나중에 질병으로 인지증이 생기
거나 장애를 겪을 경우를 대비해서 미리 가족이든 누구든
믿을 만한 사람을 후견인으로 지정해 나의 신상과 관련된

일, 남은 재산의 관리 등을 맡길 수 있는 제도다.

제도 자체의 취지를 보면 에이징 솔로가 안심하고 이용하기에 적합해 보인다. 성년후견제도 중 본인의 자기 결정권을 가장 존중하는 제도라서 법정후견 등 다른 후견제도보다 임의후견을 먼저 해야 한다는 원칙도 있다.

그런데 의외로 이용자가 별로 없고 잘 알려지지 않았다. 절차도 번거롭고 복잡하다. 임의후견제도를 이용하려면 내가 믿을 수 있고 맡기고 싶은 사람을 임의후견인으로 지정해 계약을 맺은 뒤 공증을 받고 법원에 후견 등기를 신청해야 한다. 이후 내가 스스로 의사결정을 할 수 없어 도움이 필요한 상태가 되면 법원이 임의후견인을 감독할 감독인을 선임한 뒤에야 효력이 발생한다.

이 절차가 복잡해서 일반인들이 제도를 활용할 엄두를 쉽게 내기 어렵고, 각각의 절차 사이에 꽤 시간이 걸리기 때문에 원하는 만큼의 후견을 받기 어려울 수 있다. 바람직한 제도라면서 표준 양식도 없어서 접근성이 떨어진다.

일단 공증을 하는데 왜 굳이 등기까지 해야 하는지 알 수 없고, 공증 자체도 복잡하다. 예컨대 공증하는 데 필요한 서류 중 '후견등기사항부존재증명서'라는 긴 이름의 증명서가 있다. 지금 신청하는 것 이외에 다른 후견을 등기한 적이 없다는 사실을 입증하는 증명서다. 인터넷으로 거의 모든 민원서류를 발급받을 수 있는 시대인데도, 나는 아버지의 성년후견인 신청절차를 진행할 때 이 간단한 후견등기사항부존재증명서를 떼러 굳이 가정법원까지 가야 했다.

반면 신탁은 재산 관리를 금융기관 등 전문기관에 유료로 맡기는 것이라서 자산이 없는 사람에게는 소용없는 제도다. 게다가 재산만 관리할 뿐, 어떤 방식으로 돌봄을 받고 의사를 대리할 것인가와 같은 신상 관리는 권한 밖이다.

이상적으로는 신상 관리를 맡길 임의후견과 재산 관리를 맡길 신탁을 결합하는 게 바람직하겠지만, 고비용이 드는 일이라 일부 자산가를 제외하고는 이용하기 어렵다. 이 때문에 자산이 소액인 경우에도 누구나 이용할 수 있도록 국가기관으로서 공공수탁자청(공공수탁공단)의 도입을 검토해야 한다는 의견도 있다.[14]

국가가 고령자의 노후생활에서부터 자산승계까지 전문적 고민을 통합적으로 해결하고 지원한다면, 신탁에 대한 거부감이 줄고 신탁 설정 금액의 문턱이 크게 낮아져 누구나 다양한 신탁제도를 이용할 수 있게 될 것이라는 구상이다.

자신이 원하는 사람과 원하는 방식으로 가족을 구성할 권리를 위해 일하는 가족구성권연구소는 생활동반자법 제정뿐 아니라 '내가 지정한 1인'이 가족으로 인정되도록 하는 제도적 변화를 촉구해 왔다. 생활동반자와 동성결혼 등 법적으로 관계를 등록하는 제도가 필요한 사람들만큼이나 혼자서 살아가고 있고 계속 그렇게 살아가고자 하는 사람들 또한 적지 않기 때문이다.

김순남의 『가족을 구성할 권리』에 따르면 '내가 지정한 1인'이란 의료결정권과 연명의료결정권은 물론이고 가족돌봄휴가를 신청할 수 있는 권리, 강제입원 등의 상황에서 법원에 구제를 신청할 수 있는 권리, 그리고 '재난 및 안전 관리 기본법'에 규정된 해외재난 시 안전 여부를 확인할 수 있는 권리 등에서 법적 가족이나 동거인뿐 아니라 '내가 지정한 1인'을 포함하도록 하는 것을 뜻한다.

대통령 선거를 앞두었던 2022년 1월, 당시 더불어민주당은 가족 관련 공약을 발표하면서 1인 가구 지원과 관련한 제도로 임의후견제도의 활성화와 함께 의료, 장례, 돌봄의 영역에서 연대관계인을 지정하는 제도를 마련하겠다고 약속했다. 상세한 추가 설명은 없었지만 연대관계인은 가족구성권연구소가 말한 '내가 지정한 1 인'과 유사한 개념일 것으로 보인다. 1인 가구의 돌봄, 대리인의 문제가 대통령 선거 공약에 포함될 정도의 이 슈가 된 것이다. 선거 이후 이 논의는 사라져 버렸지만, 미래를 준비하는 에이징 솔로로서는 포기할 수 없는 요 구다.

3. 미래의 가족을 그리며

나는 '식구食口'라는 말이 좋다. '식구'라는 말을 들으면 함께 사는 가까운 사람들이 따뜻한 김이 모락모락 오르는 밥상에 둘러앉아 같이 밥을 먹는 장면이 떠올라 왠지 포근하고 다정하게 느껴진다. 생각해 보면 어릴 때 외할머니나 부모, 동네 어른들은 '식구'라는 말을 더 많이 썼지 '가족'이라는 표현은 그리 많이 들어보지 못했던 듯하다.

가족은 인류 역사상 가장 오래된 사회집단이지만 사회와 시대마다 여러 다른 모습으로 변화해 왔다. 부모와 자녀만으로 구성된 혈연집단이 시공간을 뛰어넘는 보편적 제도는 아니었고, 이를 토대로 다양한 형태와 구성이 나타났다. 인류학에서는 좀 더 보편성을 띤 말로 가족family 대신 가내집단domestic group이라는 포괄적 개념을 쓰기도 하는데[15], 가내집단과 가장 비슷한 말이 식구다. 식구는 같은 공간에서 일상을 함께하면서 서로 돌보는 사람들로, 혈연관계나 법적 관계가 아니어도 누구나 식구가 될 수 있다.

결혼을 통해 가족을 구성하려는 사람은 줄고 있지

만, 가족이 아니어도 한집에서 한솥밥을 먹는 식구는 늘어나는 추세다. 통계청의 「2021 인구주택 총조사」에 따르면 가족이 아닌 친구나 애인과 함께 사는 비非친족 가구원이 2021년 사상 처음으로 100만 명을 돌파했다.[16] 통계청은 일반 가구 가운데 남남으로 구성된 5인 이하 가구를 비친족 가구로 정의하는데, 2016년까지만 해도 26만여 가구에 그쳤던 비친족 가구가 5년 만인 2021년에는 2배 가까이 늘어 47만여 가구가 되었다. 결혼하지 않았고 법적인 가족을 구성하지 않았어도 생계와 돌봄을 함께하면서 서로에게 가장 긴밀한 사이인 사람들이 이미 많다는 뜻이다.

그런데도 제도는 여전히 법적 가족에만 초점을 맞추고 있어서 현실에 뒤처져 있다. 병원에 급하게 가야 할 일이 생기거나 주거 안정성을 확보하려고 해도 함께 사는 이가 혈연가족이 아니면 무연고자가 되고, 서로의 권리를 보장할 수 없는 남이 된다. 소득세의 인적공제도 법적 가족에게만 적용되고, 주택 공급도 부부와 법적 가족을 상정해 이루어진다.

가족에 대한 현행법 규정을 살펴보면 협소하기 짝이 없다. 민법 제779조는 가족을 "배우자, 직계혈족 및 형제자매 또는 (생계를 같이하는 경우) 직계혈족의 배우자,

배우자의 직계혈족 및 배우자의 형제자매"로 정의한다. 건강가정기본법도 가족을 "혼인·혈연·입양으로 이루어진 사회의 기본 단위"로 정의한다.

두 법 모두 가족을 부모와 자녀로 구성된 2세대의 핵가족으로 협소하게 바라보는데, 현실에서 이런 가족은 전체 가구의 4분의 1 정도밖에 안 된다. 그 나머지는 현행법의 기준을 엄격히 들이대면 가족이 아닌 경우가 많다. 예컨대 위탁 가정에서 위탁 부모와 아이가 서로를 가족이라고 생각하면서 살아도 민법에 따르면 가족이 아니다. 부양이나 상속처럼 가족 관계의 다른 양상을 정의하는 조문들이 민법 각각의 조항에 다 있어서 사실이 가족 조항은 없어도 무방하다. 되레 가족을 협소하게 정의해 놓은 이 조항은 정상가족의 틀을 벗어난 다양한 가족에 대한 제도적 차별의 토대가 된다.

가족구성권연구소가 조사한 결과 1,400여 개의 한국 현행법 조항 중 '가족'을 언급하는 조항 240개가 민법 제779조의 영향을 받는다고 한다. 이 조항을 중심으로 주거·의료·돌봄·연금·상속·재난 시 보호 등 삶의 전 영역에 있어서 보호받을 수 있는지 여부가 결정된다는 것이다.

건강가정기본법은 또 어떤가. 내가 여성가족부에

서 일할 당시만 해도 부처의 기본 방침은 건강가정기본법 개정이었다. 사실혼과 노년의 동거, 부부, 한부모가족 등 다양한 형태의 가족에 대한 차별을 정당화하는 이 법의 시대착오적인 규정들을 현실에 맞게 바꾸려고 꾸준히 이해관계자들을 설득해 왔다. 2021년에는 달라진 현실과 의식을 제도로 뒷받침하기 위해 정상가족 이데올로기에서 벗어난 다양한 가족의 유형을 제한적으로나마 반영한 「4차 건강가정기본계획」을 발표했다.

　　그러나 2022년 5월 정부가 바뀐 뒤, 9월 여성가족부는 건강가정기본법이 정의하는 '가족' 규정에 대한 입장을 현행 유지로 변경했다고 밝혔다. 사회적 합의가 필요하다는 퇴행적 이유에서다. 이 사안에 대한 사회적 여론이 어떤 입장인지는 2020년 여성가족부가 실시한 「가족 다양성 국민 인식조사」 결과로 이미 드러난 바 있다. 이 조사에서 국민 10명 중 7명은 "혈연 또는 혼인 관계가 아니더라도 생계와 주거를 공유한다면 가족이 될 수 있다"라는 의견을 보였다. 이것이 사회적 합의가 아니면 무엇일까. 누구와 더 무슨 합의를 해야 한다는 걸까. 성 소수자에 대한 노골적 혐오를 드러내며 법 개정을 반대하는 혐오 세력과 협약이라도 맺어야 한다는 뜻일까. 포용적 방향을 향해 어렵사리 반 발짝이라도 내

디뎠던 사회의 변화는 언제라도 순식간에 뒤돌아 갈 수 있다는 사실을 씁쓸한 마음으로 확인할 수밖에 없었다.

생활동반자·생활공동체의 제도적 인정

가족 규정은 이토록 편협하다. 그런데 의외의 구멍이 있다. 2022년 가을 여성가족부의 건강가정기본법 개정에 대한 입장 변경 소식을 듣고 분개하던 어느 날, 《한겨레》의 한 기사가 눈에 띄었다. 귀촌해서 지방 소도시에 사는 한 비혼 여성이 함께 사는 친구를 딸로 입양해 법적 가족이 되었다는 이야기였다.[17]

귀촌한 마을에서 만난 친구와 5년간 함께 살아온 그는 병원의 보호자 동의 요구처럼 끊임없이 법적 가족을 요구하는 사회에서 노후를 대비하고자 친구를 입양했다고 한다. 친구가 딸이 되는 절차는 허탈할 정도로 간단했다. 친구 부모의 동의 서명이 담긴 입양신고서 한 장을 읍사무소에 제출하면 끝이다. 이 소식을 알린 인터뷰기사에서 그는 "서로의 법정대리인이 되는 유일한 방법이 입양밖에 없는 건 슬픈 일"이라면서 "입양은 이렇게 쉬운데 다양한 가족을 품을 수 있는 생활동반자법 제정은 왜 그렇게 어렵기만 한가?"라고 반문했다.

낡은 제도에 한 방 잽을 날리듯 통쾌한 이야기라는 생각과 함께 남남이 가족이 되는 게 이렇게나 간단한데 현실은 왜 이토록 완고한가 하는 한숨이 절로 나온다.

생활동반자법은 일부 기독교계의 '동성혼 합법화' 반대 주장에 밀려 법안 발의조차 이루어지지 못하고 있다. 나는 에이징 솔로를 인터뷰하면서 성적 지향을 묻지 않았는데, 자신이 이성애자라고 밝힌 에이징 솔로도 생활동반자법이 있으면 이용하고 싶다고 응답했다. 일부 기독교계의 주장과 달리 이 법이 성 소수자만을 대상으로 하는 법이 아니기 때문이다. 성 소수자든 아니든, 성애적 관계에 기반하든 아니든 함께 생활하면서 서로 돌보는 관계라면 생활동반자가 될 수 있다. 생활동반자법을 소개한 책 『외롭지 않을 권리』의 저자 황두영은 보수적 가치관을 가진 사람들이 '가족 해체' 운운하면서 반대하는데 생활동반자법은 "보수적인 법"이라고 썼다. "기존의 경직된 가족제도를 떠난 사람들을 제도 안으로 끌어들이는 법"이고 "가족을 이루라고 장려하는 법"이기 때문이다.

성애적 관계에 기반하지 않더라도 생활·돌봄을 함께하는 관계를 이미 제도적으로 인정하는 해외 사례들이 있다. 일례로 캐나다 앨버타주의 '성인상호의존관계법Adult Interdependent Relationships Act'은 결혼하지 않은 개인들이 상호의존 파트너 계약을 맺고 법적 보호를 받을 수 있도록 하는 법인데, 여기서 상호의존 관계란 "서로의 삶을 공유하고, 감정적으로 서로에게 헌신적이며, 경제 및 가족 단위로 기능하는 혼인 이외의 관계"다.

호주 빅토리아주의 '2008년 관계법Relationships Act 2008'은 돌봄 관계에 있는 사람들이 자신들의 관계를 등록하여 재산권, 부양권에 대한 보호와 권리를 인정받도록 한 법인데, 등록 가능한 돌봄 관계는 "결혼하지 않았고 커플 관계가 아니며, 가족일 수도 아닐 수도 있는 성인 두 사람"을 뜻한다.

벨기에는 2000년부터 민법 안에 법적 동거제도를 포함해, 공동의 거주지에 사는 사람들이 동거를 신고하면 결혼한 경우와 똑같은 세제 혜택을 받을 수 있도록 했다. 성별이나 성적 지향에 상관없이 신청할 수 있고, 커플이나 친족 관계가 아니어도 된다고 한다.[18]

해외 사례들을 살펴보다가 문득, 현재의 결혼은 전적으로 배타적인 성행위를 한다고 간주하는 합의에 기반한 제도인데, 성행위보다는 사람의 생존에 절대적으로 중요한 돌봄이 가족을 이루는 결합의 요건으로 더 합리적인 기준이 아닌가 하는 생각이 들었다. 출산이 제도의 틀 안팎에서 어떻게 이루어지든 상관없이 서로 돌보는 사이라면 가족을 구성할 수 있다는 개념이 가족의 기능에 비추어 볼 때 더 타당하지 않은가.

생활동반자처럼 2인 관계뿐만 아니라 다수가 돌봄 공동체를 이루어 살아가는 경우도 제도적 지원을 받을 수 있어야 한다. 강미라는 앞서 소개한 여주시의 여성 노인 공동체 노루목 향기를 언급하면서 지원의 필요성을 강조했다.

> "셋이서 서로 돌보면서 살아가니까 2명이 서로
> 돌보는 것보다 훨씬 수월해 보였어요. 누가 아플
> 때 병원에 가거나 돌보는 것도 셋 안에서 해결할
> 수 있고요. 그러면 사실 장기요양보험 보험료를
> 내고도 혜택을 받지 않는 것인데 국가가 이런
> 생활공동체를 지원하고 제도적으로 인정해 주면
> 국가로서도 더 이득이 아닌가요? 꼭 일대일
> 관계가 아니어도 여럿이 살아가는 생활공동체가
> 인정받고 활성화되기를 바랍니다."

앞서 소개한 비혼 여성 공동체 비비의 마을도 같은 생각이었다.

"생활동반자법뿐만 아니라 생활공동체
지원법까지 포함해서 새로운 가족 구성에
대한 논의가 좀 더 활발하게 이뤄져야 해요.
생활동반자는 결혼과 유사하니까 입법이 어렵지
않을 것 같은데 그것도 안 되는 걸 보면, 그보다
확장된 생활공동체가 제도적으로 인정받는 건
더 어려울 것 같기는 해요. 그렇지만 돌봄의
측면에서 본다면 1명이 다른 1명을 오롯이
책임지는 것보다 생활공동체에서 여럿이
함께 책임질 수 있다면 돌봄이 더 가벼워지지
않겠어요? 가족 같은 정도의 결속력과 의무를
가져야만 서로의 보호자가 될 권리를 가질 수
있다고 말하는 사람도 있지만, 사실 가족의
방임도 꽤 많고 법적으로 복잡해서 그렇지
가족이 깨지기도 하잖아요. 그보다는 오히려
개인을 중심으로 한 공동체제도가 생긴다면
돌봄의 관계가 훨씬 더 유연하고 개인이
짊어지는 짐이나 죄책감의 무게도 덜하지
않을까요?"

가족이 아니라 개인을 중심에 둔 복지

이 글을 쓰는 2022년 11월, 우연히 빅데이터 컨설팅 기업인 아르스프락시아 김도훈 대표가 '유럽과 한국의 행복 인식 데이터 분석'을 발표하는 동영상을 보게 되었다.[19] 북유럽 사람들 100여 명을 인터뷰한 녹취록과 한국인들이 브런치에 쓴 4만여 편의 글을 자료로 데이터 비교 분석을 한 결과를 설명하는 영상이었다.

김 대표에 따르면 북유럽 사람들의 말에서는 '나'와 '사람들People'이 포함된 문장에서 긍정적 감성이 높게 나타났는데, 한국 사람들이 쓴 글에서는 나와 타자 대신 '가족'을 중심으로 행복을 추구하는 경향이 두드러졌다고 한다.

즉, 북유럽 사람들은 자신이 선택한 인생을 긍정적으로 인식하면서 자신이 행복하려면 다른 이들의 행복이 필수적이라고 여겼다. 그 결과 불평등 해소 등 사회 문제에 관심을 두고 사회를 중심으로 사고하는 면모가 나타났다. 반면 한국 사람들의 사고에는 몰입의 대상인 '가족'만 있을 뿐, '나'와 '사회'가 없었다. 가족에게 매달리는 정도가 높은 만큼 가족은 교육비로 대표되는 엄청난 비용을 유발해 고통을 주는 존재이기도 했다. 전반적으로 한국인들은 가족을 통한 행복의 희구가 강렬한 동시에, 남 눈치를 보느라 스트레스를 받지만 자신이 행복하기 위해 남이 행복할 수 있는 사회의 조건은 별로 생각하지 않는 모습이었다고 한다.

2022년에도 달라지지 않은 한국 사회의 모습, 아니 어쩌면 무한경쟁 사회에서 점점 더 자기 가족의 성공과 안위에만 몰두하는 한국인들의 모습을 보는 것 같아 씁쓸한 결과였다.

한국 사회에서 가족의 중요도는 왜 이렇게 줄어들 기미조차 보이지 않을까. 가족의 어깨 위에 놓인 사회적 책임과 역할이 막중할수록 결혼과 출산의 비율이 더 떨어질 것이라는 점은 이미 잘 알려진 사실이다.

협소하게 정의된 가족의 중요도가 커질수록, 가족의 역할이 확대될수록 가족을 구성하고자 하는 의지도 꺾이기 마련이다. 원가족의 풍부한 지원이 없는 사람일수록 더 그렇다. 가족이 사회보장과 복지의 기본 단위인 한, 이미 부유한 가족은 점점 더 부유해지고 가난한 가족은 점점 더 가난해질 것이다. 그렇게 가족 계급사회가 가속화할수록 한국 사회의 양극화는 돌이킬 수 없을 정도로 극심해질 것이다.

가족이 짊어진 짐을 덜어내고 사회의 방향을 전환할 수 있는 한 가지 방법으로 사회복지학자 김진석은

책 『성공한 나라 불안한 시민』에서 현재의 '국가-가족-개인' 복지국가에서 중간의 '가족'을 뺀 '국가-개인' 복지국가로의 전환을 제안했다.

국가-가족-개인 모델은 가족-개인 사이에 부양과 돌봄이라는 가족 기능을 전제하고, 그 기능이 부족하거나 없는 경우에만 국가가 보충적으로 지원하는 방식이다. 반면, 국가-개인 모델은 개인의 사회권 보장을 위한 국가의 개입이 가족의 존재 여부와 무관하게 개인에게 직접 작용하는 방식이다.

김진석은 "가족이 있어야만 개인이 자신의 자유를 구현할 기회와 수단을 보장받는다면 이는 진정한 민주주의적 개인의 실현이라 볼 수 없다"라고 짚었다.

가족이 아니라 개인이 복지의 기본 단위가 된다면 복지제도의 사각지대도 최소화할 수 있고, 노인·장애인 등 일상적 돌봄과 지원이 필요한 사람들이 가족에 의존하지 않고도 국가의 제도적 지원을 제공받아 존엄한 삶을 누릴 수 있게 된다.

결혼하지 않은 사람들의 주요 불만 중 하나인 싱글세도 사라진다. 현재의 세액공제제도는 가족 내 구성원이 다른 구성원과 맺고 있는 관계에 따라 차등적으로 적용되지만, 가족이 아니라 개인을 기본 단위로 삼는 현금 급여로 바뀐다면 개인의 사회적·경제적 변수와 무관하게 보편적으로 동일한 혜택을 보장할 수 있기 때문이다. 1인 가구가 가족을 구성하지 않았다고 해서 주거 지원이나 돌봄의 영역에서 배제되는 일도 없어질 것이다.

성인이 된 청년이 독립할 때도 가족 변수에 따라 차이가 벌어지지 않도록 중등교육 내 직업교육 트랙 강화, 대학의 공영화를 전제로 한 정원 조정 및 완전 무상화, 청년 대상 주거비 등 생활비 지원이 이루어질 수 있게 된다.

그야말로 엄청난 제도적 변화가 있어야 가능한 일일 것이다. 그러나 가족을 구성하지 않고 혼자 살기를 선택하는 사람이 계속 증가하고, 취약한 사람을 가족이 제대로 돌보지 못하는 사례가 늘어나는 현실에서 복지의 기본 단위를 가족에서 개인으로 전환하는 문제를 한국 사회에서도 검토할 때가 되었다고 생각한다. 일본의 사회학자 오치아이 에미코落合惠美子가 『21세기 가족에게』에서 말한 것처럼, "이미 모든 사람이 속하는 사회적 단위가 없다고 한다면, 사회의 기초 단위가 되는 것은 개인밖에 없기" 때문이다. 지금 한국 사회가 그렇다. 이제는 다른 상상이 필요한 때다.

사회보장의 혜택이 개인 단위로 제공된다면, 가족

은 구성원의 복지를 전적으로 책임져야 한다는 무거운 중압감에서 놓여날 수 있게 될 것이다. 자녀의 대학교 진학 때문에 경제적 부담에 허덕이는 상황에서 해방될 것이다. 결혼의 진입장벽이 낮아지고 친밀한 사람과 가족을 이루려는 시도도 더 쉽게 이루어질 수 있을 것이다.

그렇게 가족이 짐을 덜어 유연해지고, 흑백논리처럼 결혼 아니면 솔로 둘 중 하나를 선택하는 것이 아니라 혼자 살든 둘이 살든 아니면 여럿이 함께 살아가는 방식이든, 자신이 선택한 사람과 다양한 방식으로 맺은 친밀한 관계가 제도적으로 인정받고 서로 돌볼 권리를 보장받는 것이 미래 가족의 모습이 되는 걸 보고 싶다.

홀로이면서 함께

이 책을 쓰면서 만난 에이징 솔로들의 삶은 당연하게도 모두 달랐다. 누구는 현재의 삶에 만족했지만, 누구는 불안해했다. 누구는 주거와 일자리가 안정됐지만, 누구는 그렇지 않았다. 아플 때 누군가 밥도 챙겨주고 옆에 있어주기를 바라는 사람이 있는가 하면, 열심히 아프도록 혼자 놔두면 좋겠다는 사람도 있었다. 친밀감의 결핍을 호소한 사람도 있고, 친밀감을 별로 필요로 하지 않는다는 솔로도 있었다.

각자 독특한 에이징 솔로와 만나는 횟수가 거듭될 때마다 나는 종종 '홀로이면서 함께Alone Together'라는 말을 떠올렸다.

내가 만난 에이징 솔로는 모두 자신의 가족을 구성하지 않고 배우자와 자녀가 없는 상태로 혼자 나이 들어가고 있었지만, 삶이 혼자인 것은 아니었다. 이들은 자기가 처한 상황에서 다양한 방식으로 '홀로이면서 함께'인 조건을 만들었다. 느슨하게 연결된 네트워크를 만들기도 하고, 친구랑 같이 살거나 공동체를 구성하기도 하고, 원가족이나 친밀한 파트너, 때로는 낯선 사람들과 함께 내가 나로서 잘 살아갈 수 있는 물리적 공간과 연결망을 만들었다. 혼자 나이 들면 비참해지고 외로워진다는 예언은 혼자 사는 사람의 증가를 막으려는 사회의 음모가 아닐까 하는 생각이 들 만큼 내가 만난 에이징 솔로에게서 그런 면모는 보지 못했다.

고백하자면 '홀로이면서 함께'는 내가 오래 붙들고 있는 인생의 화두다. 온전히 '홀로'도 아니고 늘 '함께'도 아닌, '홀로이면서 함께'하기. 단독자로서의 영역을 지키면서 연결의 감각을 잃지 않기. 이는 삶을 꾸리고 관계를 맺을 때 늘 나의 태도를 결정하는 방향키와도 같다.

미리 계획한 것은 아니나 지금까지 쓴 책들에도 이 화두의 흔적이 배어 있다. 2008년에 혼자 스페인 산티아고 가는 길을 걷고 난 뒤에 쓴 에세이의 제목은 『나의 산티아고, 혼자이면서 함께 걷는 길』이었다. 2017년에 아동 인권의 관점에서 가족 문제를 다룬 『이상한 정상가족』도 어린이·청소년의 개별성을 존중하는 관계로서의 가족을 고민하면서 '자율적 개인과 열린 공동체를 그리며'라는 부제를 달아 펴냈다.

혼자 나이 들어가는 에이징 솔로의 삶을 다룬 이번

책에서 친밀성, 우정, 돌봄, 가족, 공동체 등 '관계'의 문제를 혼자 살아가는 삶의 주요 주제로 삼은 것도 그런 관심사의 연장선 위에 놓여 있다. 나는 혼자 살아가는 삶도 연결을 놓치지 않을 때 더 온전해질 수 있다고 생각한다. 에이징 솔로의 오롯한 개별성보다 관계의 특성에 더 많은 관심을 둔 것이 저자인 나와 이 책의 특징이자, 한계일 수 있겠다.

에이징 솔로에게 중요한 이슈인데 여기서 다루지 않은 것은 갱년기와 섹스의 문제다. 중년 여성은 모두 갱년기를 통과하는 중이고 사람에 따라 일상 전체가 흔들리는 시기이기도 한데, 인터뷰하다 보니 솔로가 겪는 갱년기가 기혼 여성이 경험하는 것과 다르다는 생각이 들지 않았다. 결혼과 출산 여부가 한 사람이 어떤 갱년기를 겪는지에 영향을 끼친다고 볼 수도 없고, 비혼과 기혼에게 서로 다른 대처 방법이 있는 것도 아니어서 이 문제는 제외했다. 섹스는 내가 좀 더 노련한 인터뷰어와 저자였다면 적절히 취재하고 다룰 수 있었을 텐데 포함하지 못해 아쉽다.

애초부터 에이징 솔로 전체를 대변하고 조망하는 그림을 그릴 의도는 없었지만, 이 책에 실린 이야기가 다소 수월한 환경에서 살아가는 솔로에 국한된 이야기가 아닌가 하는 우려가 있다.

　내 관계망과 서울 지역에 머물지 않으려고 소개받는 사람의 폭을 넓히려 노력했으나 여전히 좁다는 사실을 부인할 수 없다. 예컨대 내가 만난 에이징 솔로 중 생계에 어려움을 겪는 기초생활 수급자는 없었다. 만난 이들 중 3분의 1가량은 저소득층에 해당했는데 친구나 원가족, 공동체 등 자신을 지탱해 주는 관계망에 속해 살아가고 있어서 생활의 어려움에 관한 이야기는 별로 들을 수 없었다. 이는 역으로 사람의 생활에 '경제' 이상으로 중요한 것이 '관계'라는 것을 확인할 수 있었던 계기이기도 했다.

　자기 삶의 이야기를 기꺼이 나누려는 에이징 솔로가 내 인터뷰 요청에 응했는데, 이 말은 뒤집으면 비자발적으로 혼자 살게 되었고 고립된 상황에 놓인 에이징 솔로의 삶에는 가닿지 못했다는 이야기다. 이 역시 이책의 한계다.

　생각해 보면 누구나 인생의 어떤 구간에서는 솔로다. 성인이 될 때 대부분 솔로인 상태로 세상에 나아가고, 삶을 마무리할 때도 많은 이들이 혼자가 된다. 결혼과 가족을 중심에 두고 바라보지 않는다면 혼자 사는 삶이 새삼스러울 것도 없다.

혼자 나이 드는 삶에 대한 선입견을 거두고 바라본 다면 이 책에서 에이징 솔로가 들려주는 삶의 이야기는 결국 자기 자신과 생애 전환, 친밀한 관계 맺기, 여러 층 위의 연결망, 나이 들고 죽음을 맞이하기 등을 다르게 실천하고 상상하는 방식에 관한 이야기다. 이 이야기가 지금 혼자 사는 사람들, 언제라도 혼자 살게 될 수 있다 고 생각하는 사람들뿐 아니라 자신이 속한 친밀한 관계 를 다른 관점에서 보기를 원하는 사람들에게도 가닿기 를 바란다.

참고한 책들의 목록

늘 그렇듯 이 책도 나보다 앞선 저자들의 빼어난 책들에 기대어
쓸 수 있었다. 이 주제에 관심 있는 독자들이라면 내가 인용했거나
참고한 아래의 책들을 더 읽어봐도 좋을 것이다. 주제에 직접
관련은 없으나 본문에 인용한 책들도 포함했다. (가나다 순)

*『가족을 구성할 권리』, 김순남 지음, 오월의봄.
*『고립의 시대』, 노리나 허츠 지음, 홍정인 옮김, 웅진지식하우스.
*『고잉 솔로 싱글턴이 온다』, 에릭 클라이넨버그 지음, 안진이
  옮김, 더퀘스트.
*『나 홀로 부모를 떠안다』, 야마무라 모토키 지음, 이소담 옮김,
  코난북스.
*『내일의 종언(終焉)?: 가족자유주의와 사회재생산 위기』, 장경섭
  지음, 집문당.
*『누구나 혼자인 시대의 죽음』, 우에노 지즈코 지음, 송경원 옮김,
  어른의시간.
*『마흔 이후, 누구와 살 것인가』, 캐런, 루이즈, 진 지음, 안진희
  옮김, 심플라이프.
*『명랑한 은둔자』, 캐럴라인 냅 지음, 김명남 옮김, 바다출판사.
*『밝은 밤』, 최은영 지음, 문학동네.
*『비혼 1세대의 탄생』, 홍재희 지음, 행성B.
*『성공한 나라 불안한 시민』, 이태수, 이창곤, 윤홍식, 김진석,
  남기철, 신진욱, 반가운 지음, 헤이북스.
*『싱글 레이디스』, 레베카 트레이스터 지음, 노지양 옮김,

북스코프.

★『새벽 세 시의 몸들에게』, 김영옥, 메이, 이지은, 전희경 지음,
　생애문화연구소 옥희살롱 기획, 봄날의책.

★『아파도 미안하지 않습니다』, 조한진희 지음, 동녘.

★『여자 둘이 살고 있습니다』, 김하나, 황선우 지음, 위즈덤하우스.

★『여자들은 자꾸 같은 질문을 받는다』, 리베카 솔닛 지음, 김명남
　옮김, 창비.

★『우리가 살아가는 방법』, 벨라 드파울루 지음, 박지훈 옮김,
　알에이치코리아.

★『21세기 가족에게』, 오치아이 에미코 지음, 이동원 옮김, 양서원.

★『이웃집 퀴어 이반지하』, 이반지하 지음, 문학동네.

★『엠마』, 제인 오스틴 지음, 이미애 옮김, 열린책들.

★『외롭지 않을 권리』, 황두영 지음, 시사IN북.

★『집에서 혼자 죽기를 권하다』, 우에노 지즈코 지음, 이주희 옮김,
　동양북스.

★『프렌즈』, 로빈 던바 지음, 안진이 옮김, 어크로스.

★『페미니스트 라이프스타일』, 김현미 지음, 줌마네 기획, 반비.

★『현대문화인류학』, 권숙인 외 19인 지음, 형설출판사.

★『혼자 살아도 괜찮아』, 엘리야킴 키슬레브 지음, 박선영 옮김,
　Being.

★『혼자 입원했습니다』, 다드래기 지음, 창비.

★『희망을 버려 그리고 힘내』, 김송희 지음, 딸세포.

주

프롤로그

1. '솔로' 운동을 주도하는 미국의 행동경제학자 피터 맥그로Peter McGraw의 홈페이지에서 더 많은 내용을 볼 수 있다. https://petermcgraw.org/solo/

1장. 에이징 솔로가 온다

1. 다이브·플랫·디지털뉴스편집팀, 2022/7/7, "노처녀가 사라졌다", 《경향신문》, https://www.khan.co.kr/kh_storytelling/2022/gone-xxxgirl/
2. 정인·오상엽, 2020, 「2020 한국 1인가구 보고서」, KB금융지주 경영연구소.
3. 김민지, 2021, 「청년세대 고학력 비혼 1인 가구 여성의 거주 공간의 경험을 통해 본 가족, 성 이데올로기의 저항과 수용, 변형」, 《문화와 사회》 29(3), 117-173.
4. 김민지, 2021, 앞의 논문.
5. 권혁철, 김형용, 2017, 「홀로 살아야 행복한, 중년 남성의 삶」, 《사회과학연구》 24(3), 267-290.
6. 지은숙, 2020, 「한·일 비교의 관점에서 본 한국 비혼담론의 특성과 생애서사 구축에서 나타나는 정치성」,

《한국문화인류학》 53(1), 179-218.

7. Emma John, 2021/1/17, "Why are increasing numbers of women choosing to be single?", *The Guardian*, https://www.theguardian.com/lifeandstyle/2021/jan/17/why-are-increasing-numbers-of-women-choosing-to-be-single

8. 김명진, 2021/8/2, "윤석열 '페미니즘 정치적 악용, 남녀 건전한 교제도 막는다더라'", 《조선일보》.

9. 통계청, 2022/12/7, 「2022 통계로 보는 1인 가구」.

10. OECD family database, https://www.oecd.org/els/family/database.html

11. 장수현, 2022/8/27, "선진국은 '여성 경제활동' 많을수록 출산율 높은데, 한국은 왜?", 《한국일보》.

12. Matthias Doepke, et al, 2022/6/11, "A new era in the economics of fertility", *voxeu.org*, https://cepr.org/voxeu/columns/new-era-economics-fertility?utm_source=dlvr.it&utm_medium=twitter&fbclid=IwAR241Y77buVCojzXT8jOCsc3LEqr0GeLTmr5bBEj1sNeojLUtNFxwdrrSsw

13. 장수현, 2022/9/29, "한국여성에게 결혼은 '나쁜 거래'… 성평등 없이 출산율 반등 없다 [인터뷰]", 《한국일보》.

14. 전혼잎, 2022/11/24, "'법은 금지 안 하는데…비혼 인공수정 시술 안 된다니요?' 산부인과학회와 싸우는 여성들", 《한국일보》.

15. 이은혜, 2016, 「한국의 가족주의와 시민참여: 가정 내 사회적 역할이 결사체 참여에 미치는 영향」, 서울대학교 사회학과 석사 학위 논문.

16. 이은혜, 2016, 앞의 논문.

17. Tara Parker-Pope, 2011/9/20, "In a married world, singles struggle for attention", *The New York Times*, https://archive.nytimes.com/query.nytimes.com/gst/fullpage-9501E0DE143FF933A1575AC0A9679D8B63.html

18. 엘리야킴 키슬레브, 2020, 『혼자 살아도 괜찮아』, Being.

19. 이 조사는 25~59세 1인 가구 2,000명을 대상으로 한 것으로 60세 이상은 포함되지 않았다.

20. Bella DePaulo, 2018/8/29, "Single people aren't to blame for the loneliness epidemic", *The Atlantic*.

21. Holt-Lunstad J, Smith TB, Layton JB, 2010/7/27, "Social Relationships and Mortality Risk: A Meta-analytic Review", *PLoS Med* 7(7): e1000316, https://doi.org/10.1371/journal.pmed.1000316

22. 강상원, 2021/10/29, "영국 정부에는 '외로움 부'가 있다", 《한겨레21》.

23. 서영아, 2021/10/9, ""외로우세요?" '고독'해결에 영국 일본 정부가 나선 이유는 [서영아의 100세 카페]", 《동아일보》.

24. Grace Birnstengel, 2020/1/17, "What has the U.K.'s Minister of Loneliness done to date?", *Next Avenue*, https://www.nextavenue.org/uk-minister-of-loneliness/

25. Esteban Ortiz-Ospina, 2019/12/11, "Is there a loneliness epidemic?", *Our World Data*, https://ourworldindata.org/loneliness-epidemic

26. 하종민, 2022/5/10, "서울 셋 중 한 집은 1인 가구… 86% '혼자 사는 것 만족'", 《뉴시스》, https://newsis.com/view/?id=NISX20220509_0001864369&cID=14001&pID=14000

27. 공선영·박건·정진주, 2019, 「의료현장에서의 보호자 개념은 다양한 가족을 포함하고 있는가?」, 사회건강연구소 연구보고서.

28. Rita Rubin, 2011/8/29, "Single and seriously ill: Care circles fill in for family", *Today*, https://www.today.com/health/single-seriously-ill-care-circles-fill-family-1C9412682

29. https://sharethecare.org/the-story/

30. https://www.amazon.com/Sheila-Warnock/e/B07H7RQQZD/ref=aufs_dp_fta_dsk

31. https://lotsahelpinghands.com/

32. https://www.caringbridge.org/

33. https://www.mealtrain.com/

34. 혜영, 2022/7/11, "비혼 친구들과 '돌봄의 관계망' 만들기", 《일다》, https://www.ildaro.com/9390

2장. 솔로는 혼자 살지 않는다

1. 친밀감Intimacy은 성적인 관계에 주로 쓰이는 말이지만 여기서는 성적 관계에 국한되지 않고 사람 사이에서 특별하게 느끼는 가까운 감정을 가리킨다.

2. Elaine O.Cheung et al., 2014, "Emotionships: Examining people's emotion-regulation relationships and their consequences for well-being", *Social Psychological and Personality Science*.

3. 성미애, 2014, 「40, 50대 비혼 여성의 결혼 및 가족 담론」,

《한국가정관리학회지》 제32권 2호, 131-141.

4. 김민지, 2021, 앞의 논문.

5. 엘리야킴 키슬레브, 앞의 책.

6. Arthur C. Brooks, 2021/4/8, "The best friends can do nothing for you", *The Atlantic*, https://www.theatlantic.com/family/archive/2021/04/deep-friendships-aristotle/618529/

7. 여성민우회, 2016/10/20, 「1인가구 여성, 이기적 선택은 있는가?」, 여성민우회 주최 토론회 자료집.

8. 로빈 던바 지음, 안진이 옮김, 2022, 『프렌즈』, 어크로스.

9. NWO(Netherlands Organization for Scientific Research), 2009/5/27, "Half Of Your Friends Lost In Seven Years, Social Network Study Finds", *ScienceDaily*, www.sciencedaily.com/releases/2009/05/090527111907.html

10. 로빈 던바, 앞의 책.

11. 로빈 던바, 앞의 책.

12. Catherine Pearson, 2022/5/7, "How Many Friends Do You Really Need?", *The New York Times*.

13. 엘리야킴 키슬레브, 앞의 책.

14. 봄봄, 2022/8/29, "세상 가벼운 "땡큐"를 주고받는 비혼공동체", 《일다》, https://ildaro.com/9427

15. 봄봄, 앞의 글.

16. 언니네트워크+가족구성권연구모임, 2012, 「비.정상가족들의 비범한 미래기획」. (김혜경, 2017, 「가족 이후의 대안적 친밀성」, 《한국사회학》 51(1), 155-198에서 재인용)

17. 이반지하 지음, 2021, 『이웃집 퀴어 이반지하』, 문학동네.

3장. 홀로 외롭게 나이 든다는 거짓말

1. Joe Pinsker, 2021/10/21, "The Hidden Costs of Living Alone", *The Atlantic*.

2. 박건·김연재, 2016, 「서울 1인가구 여성의 삶 연구: 4050 생활실태 및 정책지원방안」, 서울시 여성가족재단 연구사업보고서, 1-204.

3. 이원재, 2022/6/4, "'경제적 보통 사람' 그 많던 중산층은 어디로 갔을까?", 《한겨레》.

4. 한국여성정책연구원 최인희 외, 2022/11/01, 「초고령사회 대비 고령여성의 삶의 질 현황과 정책과제」, 경제·인문사회연구회 협동연구총서.

5. 지은숙, 2022, 「도시 거주 비혼 여성의 주거 실천과 대안적 거주 생애사의 구축」, 《민주주의와 인권》 22(1), 283-326.

6. 신수민, 2021/6/11, "이름은 '행복주택', 현실은 '좁은 주택'", 《이코노미스트》, https://economist.co.kr/2021/06/11/realEstate/realEstateNormal/20210611184101658.html

7. 황재성, 2021/7/7, "일본보다 작은 '최저 주거면적'기준 바꿔야", 《동아일보》.

8. 김난이·이효연·이미정, 2021, 「중년, 노년 여성 1인가구 주거공동체의 필요성과 의미」, 전주시 성평등 생활연구 지원사업 결과보고서.

9. 지은숙, 2016/2, 「비혼을 통해 본 현대 일본의 가족관계와 젠더 질서」, 서울대학교 대학원 인류학과 박사학위 논문.

10. 신성식, 2021/8/11, "물·단무지·효도 3대 셀프? '며느리 아닌

딸이 부모 수발'급증", 《중앙일보》.

11. 석재은, 2020/12, 「비혼 딸의 부모돌봄 경험이 말하는 것들:
부정의한 독박돌봄으로부터 돌봄 민주주의를 향하여」,
《노인복지연구》 제75권 4호, 117-141.

12. '치매'는 어리석다는 뜻의 한자어로 부정적 낙인 효과가 큰
단어라서 인지증으로 고쳐 썼지만, 인용한 글의 저자들이
치매라고 쓴 경우에는 바꾸지 않고 그대로 두었다. 치매라는
말에 담긴 두려움을 환기하며 새로운 이야기를 하고자 하는
저자들의 선택을 존중하기 위해서다.

13. 김영옥·메이·이지은·전희경, 『새벽 세 시의 몸들에게』,
봄날의책.

14. 한국호스피스·완화의료학회, 2022/6/21, "조력존엄사 허용
논의에 대한 입장문", 학회 홈페이지 공지사항 게시글, https://
www.hospicecare.or.kr/

15. 나광현 외 3명, 2022/1/26, "고독사 위험군 느는데…
'안부전화만 돌리는 직원 따로 둬도 역부족'", 《한국일보》.

16. 김소희·박준규, 2022/1/26, "10년 넘게 옆집 살아도 누군지…
가난보다 고립이 부른 죽음, 고독사", 《한국일보》.

17. 서현정·최주현, 2022/1/26, "'우리집이 곧 골목복지관'
친구모임방이 고독사 막는다", 《한국일보》.

18. 송병기, 2021/9/3, "집은 좋은 죽음을 보장하는 장소인가",
《시사IN》.

19. 연구결과 보고서는 '비비사회적협동조합' 블로그에서
내려받을 수 있다. https://blog.naver.com/
bbcohousing/222891393386

20. 노루목 향기 이야기는 2022년 11월 내가 방문해서 나눈

대화와 본인들의 허락을 얻어 KBS 〈다큐온〉에서 두 번에 걸친 방송에 나온 내용, 2022년 7월 15일 노루목 향기에서 열린 93회 마을 만들기 전국네트워크 대화모임 발표 내용을 종합한 것이다. 〈다큐온〉 방송과 노루목 향기 발표 내용은 다음 유튜브 링크에서 볼 수 있다.

https://www.youtube.com/watch?v=WkPFJUL1Wto
https://www.youtube.com/watch?v=QUa7WUfMwjE
https://www.youtube.com/watch?v=G4wWOOn7hsc

4장. 한국 사회에 솔로의 자리를 만들기

1. Bella DePaulo, 2022/8/17, "Structural Singlism: The Unfair Treatment Experienced by Every Person Who Is Single", *Medium*, https://medium.com/fourth-wave/structural-singlism-the-unfair-treatment-experienced-by-every-person-who-is-single-f0024d59f90

2. 장민선, 2016/8, 「1인 가구 지원에 관한 헌법적 고찰」, 《유럽헌법연구》 제21호.

3. Soo Youn, 2022/4/21, "These single women say they face a workplace penalty, too", *The Washington Post*.

4. 김희경, 2017, 『여성의 일, 새로고침』, 닐다×롤링다이스.

5. 민경락, 2016/11/23, "독신이 두 자녀 가구보다 더 내는 '싱글세' 79만원", 《연합뉴스》, https://www.yna.co.kr/view/AKR20161122154800002?input=1195m

6. OECD, 2022, "Taxing Wages 2022: Impact of COVID-19

on the Tax Wedge in OECD Countries", *OECD Publishing*. Paris. https://doi.org/10.1787/f7f1e68a-en.

7. 이윤주, 2016/8, 「가구유형에 따른 세부담 차이분석-근로소득세를 중심으로」, 서울시립대학교 세무전문대학원 세무학석사 학위논문.

8. 변희원, 2022/11/25, "반려동물 양육비, 비혼 축의금… 기업복지도 변한다", 《조선일보》.

9. 서민경, 2021/3, "함께 살아가는 커뮤니티형 주거, 써드플레이스", 《월간 디자인》.

10. 박진옥, 2022/6/22, "[박진옥 칼럼] 사실혼 관계 배우자는 장례를 치를 수 없나요?", '나눔과나눔' 홈페이지, http://goodnanum.or.kr/?p=9143

11. 허민숙, 2022/5/19, 「가족다양성의 현실과 정책과제: 비친족 친밀한 관계의 가족인정 필요성」, 《NARS 현안분석》, 국회입법조사처.

12. 허대석, 2022/5/16, "누가 진정 그 가여운 청년의 가족일까", 《한국일보》.

13. 김보배·김명희, 2018, 「연명의료결정법의 한계를 극복하기 위한 대리인 지정제도 도입방안 모색」, 《한국의료윤리학회지》 통권 제55호, 101. (김순남, 2022, 『가족을 구성할 권리』, 오월의 봄, 68쪽에서 재인용)

14. 이계정 외(서울대학교 산학협력단), 2021/12, 「고령사회 대응을 위한 신탁제도 발전방안」. 저출산고령사회위원회.

15. 함한희, 2018, "가족과 친족", 『현대문화인류학』, 형설출판사, 92-116쪽.

16. 곽민서, 2022/8/1, "'가족의 재탄생'…친족 아닌 가구원 100만

명 돌파, 역대 최대", 《연합뉴스》, https://www.yna.co.kr/view/AKR20220731038000002

17. 서혜미, 2022/10/12, "친한 친구를 입양해 법적 가족이 됐다", 《한겨레》.

18. 저출산고령사회위원회, 2021/9/17, "[2021 가족다양성 포럼] 다양한 생활·돌봄 관계를 지원하기 위한 새로운 법과 제도의 필요성을 논의하다", 저출산고령사회위원회 홈페이지, https://www.betterfuture.go.kr/front/policySpace/activityDetail.do?articleId=212&listLen=40&searchKeyword=&position=M

19. 2022년 10월 20일 언론매체 뉴시스의 창사 21주년 기념 포럼에서 있었던 김도훈 대표의 발표는 다음 유튜브 링크에서 볼 수 있다. https://www.youtube.com/watch?v=3jbP8bhE-y8

에이징 솔로

혼자를 선택한 사람들은 어떻게 나이 드는가

ⓒ 김희경, 2023. Printed in Seoul, Korea

초판 1쇄 찍은날   2023년 3월 15일
초판 1쇄 펴낸날   2023년 3월 22일
지은이   김희경
펴낸이   한성봉
편집   최창문·이종석·조연주·오시경·이동현·김선형
콘텐츠제작   안상준
디자인   권선우
마케팅   박신용·오주형·강은혜·박민지·이예지
경영지원   국지연·강지선
펴낸곳   도서출판 동아시아
등록   1998년 3월 5일 제1998-000243호
주소   서울시 중구 퇴계로30길 15-8 [필동1가 26]
페이스북   www.facebook.com/dongasiabooks
전자우편   dongasiabook@naver.com
블로그   blog.naver.com/dongasiabook
인스타그램   www.instargram.com/dongasiabook
전화   02) 757-9724, 5
팩스   02) 757-9726
ISBN 978-89-6262-488-5   03330

만든 사람들
편집   조연주
디자인   김은혜
크로스교열   안상준